教师职业素养阅读丛书

JIAOSHI ZHIYE SUYANG YUEDU CONGSHU

教师职业生涯规划与设计

Jiaoshi Zhiye Shengya Guihua Yu Sheji

李海芬◎主编　赵春鱼◎副主编

重庆大学出版社

图书在版编目(CIP)数据

教师职业生涯规划与设计/李海芬主编 . —重庆:
重庆大学出版社,2014.1(2025.1 重印)
(教师职业素养阅读丛书)
ISBN 978-7-5624-7698-6

Ⅰ.①教…　Ⅱ.①李…　Ⅲ.①教师—职业—研究
Ⅳ.①G451

中国版本图书馆 CIP 数据核字(2013)第 202677 号

教师职业生涯规划与设计

主　编　李海芬
副主编　赵春鱼
策划编辑:唐启秀

责任编辑:李桂英　　版式设计:唐启秀
责任校对:谢　芳　责任印制:张　策

*

重庆大学出版社出版发行
出版人:陈晓阳
社址:重庆市沙坪坝区大学城西路 21 号
邮编:401331
电话:(023) 88617190　88617185(中小学)
传真:(023) 88617186　88617166
网址:http://www.cqup.com.cn
邮箱:fxk@ cqup.com.cn(营销中心)
全国新华书店经销
重庆天旭印务有限责任公司印刷

*

开本:720mm×1020mm　1/16　印张:11.25　字数:220 千
2014 年 1 月第 1 版　　2025 年 1 月第 5 次印刷
ISBN 978-7-5624-7698-6　定价:33.00 元

总　序

　　宽泛地说,教师职业,古已有之,是人类最古老的职业之一。古希腊时期,以苏格拉底、柏拉图、亚里士多德师徒三杰为代表的"智者派",就是最早的教师。古罗马时期的昆体良,是西方教育史上第一个专门阐述教育问题的老师。

　　史籍记载,中国尧、舜、禹上古时期的学校叫"成均",兼做养老、藏米之所。养老是氏族社会的传统,将富有生产经验和社会生活常识的老人集中起来敬养,并赋予他们教育下一代的责任。西周立国之初,实行"学在官府""官守学业"政策,开办国学和乡学,国学的教师由京城高官担任,乡学的老师由地方官吏担任,时称"国老""庶老",又称"师""师氏"。春秋时期,"天子失官""学在四夷",孔子是私学鼻祖。其后历经数千年,薪火相传,师承不绝,教师有"西席""山长""师长""教习""教员"等称谓。

一、近代以前西方国家的教师

　　严格来讲,现代意义上的教师职业是机器大工业生产的产物,是伴随着班级授课制、学校教育制度和独立形态教育学的诞生而形成的。近代社会以前,比如中世纪的欧洲,其教师多由僧侣、神父、牧师及其他人员充任,属于兼职性质,且社会地位很低,工资待遇不高,难以养家糊口。

　　在英国,教师大多是些失去工作能力的人。许多人从事教学,都是作为暂时性和非全日制的工作,从未接受过专门的师资培训,专职教师的数量非常有限。城市教师中,有许多是寡妇、老处女、破产的商人、退役的士兵,或是不能从事重体力劳动的残疾人。农村教师中,有很多人连最起码的基本知识都不具备,并且缺乏当教师应有的道德品质。他们的教学收入菲薄,有的根本没有固定收入,且人数也不确定。教学往往是他们由于个人不幸或无能所作的最后选择。

　　在法国,教师职业虽有近800年的历史,但在很长时间里,一直没有形成明确的教师学历和考核制度,也没有专门的师资训练。1837 年的《法国初等教育调查》显示,小学教师地位低下,境况窘迫。乡村学校中,教师的寝室很少能和教室分开,学校常常设在潮湿的马厩、地下室、地窖里,房子很小,常常要屈膝才能钻进去。教师的穷困和无知是相等的,社会对他们的轻视使他们羞愧。从教人员中有罪犯、刑满释放人员、没有手臂甚或患癫痫病的残疾人。在南方农村,女教师遭到特殊歧视。有的地方羞辱小学女教师,让她们住牛棚,不给东西吃,教师和乞丐处于同一地位。

在德国,直至 17 世纪末,教师还没有成为一种真正的职业,普遍由神职人员兼任,既没有经过正规的教师职业训练,且数量少,层次低。诚如宗教改革的发起人马丁·路德所言,我们轻视教师,好像这些人算不了什么。

在美国,来自英国等欧洲国家贫困阶层登上北美大陆东海岸,继而组成篷马车队向西部开发的新移民,在与印第安土著居民共同建设独立国家、摆脱殖民统治的进程中,起初是由一批最早出使新大陆的西班牙教徒当老师,负责照看与教育孩子,后来由妇女或当地的牧师担任小学教师,教授一些基本的读、写、算、手工等知识。这些人多数只有小学文化程度,较少一部分人受过中等教育。其所从事的工作包括维持课堂纪律,保持教室整洁,劈柴烧火,看管学生带来的年龄更小的弟妹,必要的时候组织唱诗活动等。

南部和中部殖民地的教师,都是由牧师充任,聘用标准低,且很难雇用,常常不得不借助报纸发布广告来招聘。1755 年,《宾夕法尼亚公报》曾刊登过一则广告:"急聘一名不酗酒者,能够在学校教书,最好有推荐人。"1772 年,《弗吉尼亚公报》也刊登过类似的广告:"急聘一名稳健勤勉的教师,能够教读、写、算和拉丁语口语。任何人符合上述条件,经过推荐,可立即上岗。"

某地的一次教师招聘,一位逃避民兵义务的醉汉,胸无点墨,在招聘现场回答不出小学课程中最简单的问题,既不知道圆周和直径的区别,也不具备起码的地理知识,居然被聘用了,原因在于,他愿意比他的前任教师拿更少的工资。

下面是美国内战结束后某教师招聘会上的一幕。招聘会由学监和普通公民构成的学校委员会共同主持,对话发生在学监和求职者之间:

学监:"男孩性别是什么?"

求职者:"男性。"

"女孩呢?"

"女性。"

"箱子呢?"

"中性。"

"孩子呢?"

"共性。"

学监:"很好。我想,你对教学已经知道得够多了,马上就给你开具资格证。"

另一场教师招聘面试会发生在 19 世纪 60 年代新英格兰某城镇:

主席:"你多大了?"

应聘者:"上个月 27 日,我就 18 岁了。"

主席:"你最后上的是什么学校?"

应聘者:"是 S 学院。"

主席:"你认为你能够了解学生的思想吗?"

应聘者:"我想,我可以。"

主席:"好的,你的情况,我很满意。我想,你可以到我们学校工作。明天我让学生给你送去聘书。"

由于工资过低,很多教师都因为难以养家糊口而不得不做其他临时或兼职工作。有些从事教堂管理员、敲钟员、诗班领唱者、挖墓者等,有些从事裁缝、酿酒师或旅社老板一类工作。在学校一年中放假的几个月里,这些工作都是教师经常兼职从事的。

总体看来,近代社会以前的教育,一直沿用与农耕社会相适应的个别化教学、聚徒讲学、师徒制培养的教学方式,教师职业的地位及其专业化程度很低。

二、现代教师的专门化培养

现代教师是随着班级授课制和学校教育制度的诞生而逐步形成的。1632 年,捷克教育家夸美纽斯《大教学论》的面世,标志着独立形态教育学的开端。他倡导学年制和班级授课制,试图寻找一种教师可以少教、学生可以多学的教学方法。1806 年,德国教育家赫尔巴特的《普通教育学》,被公认为第一部具有科学体系的教育学著作。他将教师的职责定义为知识、技能的传递和道德的培养,并提出五段教学法、教师中心说和教学的教育性原则等基本理论,对后世影响极大。17—19 世纪,西方各国相继提高对教师职业素质的要求,陆续开始对教师的专业化培养,出现了培养教师的专门学校,换言之,师范教育的出现是教师职业专业化的必然产物。

1684 年,法国创办最早的小学教师讲习所,并附设专供实习用的"练习学校"。至 19 世纪后期,实行国家教师证书制度。20 世纪以来,明确要求提高教师的教育理论水平与教育实践能力,从而确立了现代教师职业的专业性质。1989 年,法国公布《教育方向指导法》,标志着教师的职业化和专业化发展进入一个新的时期。

1695 年,德国创办教师"实践研讨班",继而开办师范教育。1763 年颁布的《初等学校及教师通则》,对教师资格、条件、守则、考核、出勤和责任等作了明确规定。第二次世界大战后,德国的高等师范学校逐渐消失,教师教育出现综合化、大学化趋势。20 世纪 90 年代,德国着眼于教师的职业道德、教育科学知识和能力、学科教学知识和能力三个领域的专业发展。

1823 年,美国创立最早的师范学校,其后,师范学校快速发展,45 个州大都建设师范学校。1825 年,俄亥俄州首先颁布教师证书法令,随后其他州也逐步实施州、县两级教学许可证书制度。20 世纪初,师范学校向师范学院转型,建立阶梯式师范教育。20 世纪 50 年代后,推进"教学专业化与标准化运动",加速教师专业化发展。80 年代后,霍姆斯小组发布研究报告,呼吁废止现行教育学学士学位,加快师范学院转型,改由综合大学、文理学院的教育学院和教育系培养教师,将大学四年全部用来进行通识教育和专门学科知识训练,将教育专业训练延伸至大学毕业后阶段,从而形成了职前、入职和在职三位一体的教师培养系统。

1890 年,英国设置走读制师范学院,专门培养合格的小学教师。其后,走读制师范学院发展很快,学制亦由 3 年制增为 4 年制。前 3 年读专业学位,第 4 年接受师范专业培训,毕业后升任中学教师。20 世纪以来,随着地方公立师范院校的开办,教师培养逐步走向正规,师范专科学校走向师范本科学院,1964 年后称为教育学院。20 世纪后半叶至 21 世纪初,英国政府先后发布实施一系列教育白皮书、教育蓝皮书和《2002 年教育法》等教育法案,教师的专业化水平不断提升。

在中国,1897 年,盛宣怀于上海创办南洋公学,特设"师范院"。1902 年,清政府将京师大学堂师范馆单列,且不断扩大,1923 年更名为北京师范大学后进一步发展,沿用至今。同年,张謇开办通州师范学校。其后,师范教育被纳入国民教育序列,教师逐步成为社会分工序列中一个不可或缺的专门性职业与行当。1999 年,《中华人民共和国职业分类大典》将教师划归第二大类"专业技术人员"。教师的培养和任用也逐步由非正规走向正规,由职业化走向专业化,由单科性的师范院校培养走向综合性的大学培养,由职前、职后的分离式培养走向一体化、分段式培养。教师的学历、道德、知识、技能等资格标准,教师的综合素质、专业知识和能力、教育知识和能力等专业标准,教师职前与职后教育的课程标准等相继出台、日臻完备;社会对教师职业的角色期待和要求日渐提高,教师的政治地位、经济地位、社会地位、专业地位及其作用也不断提升。

三、现代西方教师的专业标准

专业(profession)是职业(occupation)分化和发展的结果,是指需要专门知识和技能的职业。从社会分工、职业分类的角度来看,专业是指一群人经过专门教育和训练,按照一定的行业标准或规例,掌握并运用较高深的和较独特的专门知识和技术,进行专门的职业活动,从而解决人生和社会的问题,促进社会进步并获得相应报酬、待遇和社会地位的专门职业。随着社会分工的加剧和教育规模的扩大,教师从传统职业中分化出来,形成一种专门职业,既是时代发展的必然选择,也是一种既成的社会现实。从传统的一般性职业到现代的专业性职业,教师职业经历了一个长期、系统的演替过程。

职业的专业发展或专业化,是现代社会中任何一项职业都要面临的最终选择。所谓专业化,是指一个普通的职业群体逐渐符合专业标准,进而成为专门职业并获得相应的专业地位的动态过程。在美国,教师的职业化和专业化是互补而统一的,教师既要通过专业化训练获得职业资格,又要通过职业化训练提高专业化水准,在职业化基础上实现专业化,在专业化基础上实现高层次、高规格的职业化。教师既是一个职业,又是一个专业,是职业与专业的统一体。

澳大利亚学者凯米斯(S. Kemmis)认为,专门职业有三个显著特征:第一,其成员采用的方法与程序有系统的理论知识和研究作支持;第二,其成员以顾客的利益为压倒一切的任务;第三,其成员不受专业以外势力的控制和限定,有权作出自主的专业判断。如果一种职业能同时具有这三个特征,那么它就确实构成了一门专业。相应地,专业化过程也就是一种职业不断发展、逐步拥有这三个特征或者更多其他专业特征的过程。

从现代教师职业诞生起,各国就在不断地出台行业标准和专业发展标准,以促进教师的专业发展,逐步形成三种不同的教师专业标准模式。一是与教师资格标准相分离的专业标准。在这种模式下,取得了教师资格,并不等同于达到了专业标准。从取得教师资格到达到专业标准,还有一个漫长的过程和其他要求。美国是这种模式的典型,中国也属于这种类型。二是与教师资格标准相挂钩的专业标准。这种模式的特征是,教师资格要求与教师专业标准是贯通一致的,英国和日本是其代表。三是分类分级型的教师发展标准。这种模式综合了前两种模式之长,兼顾了教师标准的合格性、专业化。其特征是,教师标准被分为若干标准,每一标准又有总体标准与阶段标准,该模式以澳大利亚、中国香港为典型。

1. 美国教师的专业标准

美国教师的专业标准是逐步完善的,分为总标准和学科标准。总标准是面向所有学科教师的核心标准,学科标准是总标准的延伸。在美国,申请中小学教师资格,起点学历是大学,高级教师的学历资格要求是硕士毕业。各州设有教师证书更新制度,证书的有效期由原来的 5～6 年不断缩短,有的州已缩短为 1 年。

美国《优秀教师行为守则》规定:①记住学生姓名;②注意参考以往学校对学生的评语,但不持有偏见,并且与辅导教师联系;③对学生真诚相待,富于幽默感,力求公道;④言而有信,步调一致,不能对同一错误行为采取今天从严、明天从宽的态度;⑤不得使用威胁性语言;⑥不得因少数学生的不轨而责备全部学生;⑦不得当众发火;⑧不得在大庭广众之下让学生丢脸;⑨注意听取学生的不同反映,但同时也应有自己的主见;⑩要求学生尊敬教师,对学生也要以礼相待;⑪不与学生过分亲热或过分随便;⑫不要使学习成为学生的精神负担;⑬在处理学生问题时如有偏差,应敢于承认错误;⑭避免与学生公开争论,应个别交换意见;⑮要与学生广泛接触,互相交谈;⑯少提批评性意见;⑰避免过问或了解学生们的每个细节;⑱要保持精神饱满,意识到自己的言谈举止都会影响学生的行为;⑲要利用电话等手段与学生家长保持联系;⑳在处理学生问题时,要注意与行政部门保持联系;㉑要严格遵守学校的规章制度。

2.英国教师的专业标准

英国教师的专业标准经过 20 多年的酝酿、形成、修订,渐趋成熟,成为国际教师专业标准的典型范例。

1983 年,《教育质量》白皮书规定:教师应具备适宜的人格品质、适当的学业水平、足够的教育专业和实践方面的知识技能三方面的素质。

1989 年,《教育(教师)条例》规定:只有取得合格教师身份,才有资格任教中小学;只有达到合格教师任职标准,才可取得合格教师身份。

2002 年,英国教师标准局和英国师资培训署共同颁布了《英国合格教师专业标准与教师职前培训要求》,从"专业价值和实践""知识与理解""教育教学实践能力"三个维度对申请者提出具体的专业要求。

2005 年,《英格兰教师专业标准》规定了合格教师专业标准、入职教师专业标准、资深教师专业标准、优秀教师专业标准和高级教师专业标准。标准从专业品质、专业知识与专业理解、专业技能三方面详细阐明了各专业发展阶段教师所应当具备的专业特点,旨在使教师各专业发展阶段的职业生涯发展具有一致性、连贯性,从而为教师职业的层级晋升指明方向。

3.法国教师的专业标准

法国教师的专业标准和要求也是在实践中不断发展的。申请者须具有法国国籍,学士学位或相当学历,身体健康,无前科。符合条件者须参加由学区组织的入学考试。中小学教师第一部分的考试内容相同,为法语、数学、教学法基础知识的书面考试,通过者方可参加第二部分考试。第二部分考试,小学教师考 4 门:①在物理与技术、生物与地质、历史与地理中选考 1 门;②在外语、音乐、其他艺术中选考 1 门;③体育(必考);④口试。中学教师考口试,内容为某门学科专业知识(理科加实验知识)和教学法基本知识。

考试合格者才能进入教师教育学院学习两年。小学教师综合培养,中学教师分专业培养。第一学年以校内课程学习为主,结束时参加由教育部组织的统一教师资格考试(即教师聘用会考),考试分预选考试和录取考试。小学教师会考由学区组织。预选考试为法语和数学 2 门笔试,录取考试目前为 4 门,含笔试和口试以及教育学。中学教师会考由国家统一组织,预选考试为专业学科笔试,录取考试为口试,其中包含一次演讲和会谈。会考每门笔试时间都在 3～4 小时。会考合格者才能成为实习教师,开始在教师教育学院的第 2 学年学习——以职业能力培养为核心的实习阶段,结束时提交论文,接受教师教育学院的教学实践、学位论文、课程模块三个方面的评估,评估都合格者,由教师教育学院报学区批准,获得合格教师资格,成为国家公务员,到中小学正式任职。

4. 日本教师的专业标准

日本的教师资格制度始于明治维新时期,第二次世界大战以后日益健全。1949 年,颁施《教育职员资格证书法》(又称《教育职员许可法》)。1952 年,日本教师联合大会正式通过《教师伦理纲领》。《纲领》规定:①教师要肩负起日本社会的使命,与青少年一起生活;②教师要为教育机会的均等而斗争;③教师要捍卫和平;④教师要站在科学真理的立场上行动;⑤教师不容许自身的自由遭受侵犯;⑥教师要同家长一道与社会的颓废现象作斗争,创造新文化;⑦教师是劳动者;⑧教师要维护生活权益;⑨教师要团结一致。

1998 年,再次修订《教育职员资格证书法》(2000 年实施),将教师资格证书分为普通许可证、临时许可证、特别许可证三种类型。普通资格证书按照学校的种类而分为小学教师证书、初中教师证书、高中教师证书、盲人学校教师证书、聋哑学校教师证书、特殊学校教师证书、幼儿园教师证书;按等级又分为专修、一种、二种许可证(高中教师许可证只有专修、一种两类)。一种许可证要求具备大学本科毕业取得学士学位程度,二种许可证要求具备短期大学毕业取得学士学位程度,持二种许可证者必须在 15 年内经过努力取得一种许可证书,专修许可证授予修完硕士课程的人员。2008 年,新修订的《教育职员资格证书法》规定了获得幼儿园、小学、初中、高中、特殊教育学校教师资格证的最低要求。此外,从 2006 年开始实施教师资格证书换证制,规定教师资格证书的有效期限、适用对象、研习的主要内容及方式、考核及评价。

四、中国教师的专业发展标准

20 世纪以来,中国在不同时期对教师有不同标准和要求。1931 年,国民政府将每年 6 月 6 日定为教师节,简称"双六节",后又以孔子生日——公历 9 月 28 日为教师节。新中国成立以后,教师一度成为"臭老九"。改革开放以来,教师地位得以恢复和提升,1985 年,第六届全国人大常委会第九次会议同意国务院关于建立教师节的议案,议决从 1985 年开始,将每年的 9 月 10 日定为教师节。相应地,社会对教师的职业要求和专业标准也在不断提高。目前,中国教师的专业发展标准包括四个核心内容。

1. 中国教师的师德规范

20 世纪 80 年代以来,国家先后四次修改颁布实施中小学教师的职业道德要求和规范。2011 年,还专门发布了《高等学校教师职业道德规范》。

1984 年,颁发第一部《中小学教师职业道德要求(试行)》,计 9 条:"热爱祖国,热爱中国共产党,热爱社会主义,热爱人民教育事业;执行教育方针,遵循教育规律,面向全体学生,教书育人,培养学生德、智、体全面发展;认真学习马列主义、毛泽东思想,学习科学文化知识和教育理论,钻研业务,精益求精,勇于创新;热爱学生,了解学生,循循善诱,诲人不倦,不歧视、讽刺、体罚学生,建立民主、平等、亲密的师生关系;奉公守法,遵守纪律,热爱学校,关心集体,谦虚谨慎,团结协作,与家长、社会紧密配合,共同教育学生;衣着整洁,举止端庄,语言文明,礼貌待人,以身作则,为人师表。"

1991 年,发布修订的《中小学教师职业道德规范》,计 6 条:"热爱社会主义祖国,拥护中国共产党的领导,学习和宣传马列主义、毛泽东思想,热爱教育事业,发扬奉献精神;执行教育方针,遵循教育规律,尽职尽责,教书育人;不断提高科学文化和教育理论水平,钻研业务,精益求精,实事求是,勇于探索;面向全体学生,热爱、尊重、了解和严格要求学生,循循善诱,诲人不倦,保护学生身心健康;热爱学校,关心集体,谦虚谨慎,团结协作,遵纪守法,作风正派;衣着整洁、大方,举止端庄,语言文明,礼貌待人,以身作则,为人师表。"

1997 年,颁布新修订的《中小学教师职业道德规范》,计 8 条:"依法执教,爱岗敬业,热爱学生,严谨治学,团结协作,尊重家长,廉洁从教,为人师表。"

2008 年,再度公布新修订的《中小学教师职业道德规范》,计 6 条:"爱国守法、爱岗敬业、关爱学生、教书育人、为人师表、终身学习。"

2011 年,又公布《高等学校教师职业道德规范》,计 6 条:"爱国守法、敬业爱生、教书育人、严谨治学、服务社会、为人师表。"这是中华人民共和国首次制定印发高校师德规范,既与中小学师德规范相衔接与贯通,又与中小学师德要求相区别,着重根据高校教师的职业特点,对其职业责任、道德原则及职业行为提出明确的准则和要求。

2. 中国教师的资格标准

1993 年 10 月 31 日,中华人民共和国主席江泽民签发第 15 号令,批准公布第八届全国人民代表大会常务委员会第四次会议通过的《中华人民共和国教师法》,自 1994 年 1 月 1 日起施行。1995 年 12 月 12 日,依据《中华人民共和国教师法》,国务院总理李鹏签发中华人民共和国国务院第 188 号令,公布实施《教师资格条例》,规定中国公民"从事教育教学工作,应当依法取得教师资格"。2000 年 9 月 23 日,中华人民共和国教育部发布实施第 10 号令,出台《教师资格条例》实施办法。

针对以往新教师入门由省级教育部门命题组织考试存在的种种问题和弊端,2011 年,教育部发布《关于开展中小学和幼儿园教师资格考试改革试点的指导意见》和《中小学和幼儿园教师资格考试标准(试行)》,将各省考试改为全国统考,即由国家统一制定标准,纳入参照性考试范畴。其根本目的在于,通过中小学和幼儿园教师资格考试改革,健全国家教师资格考试标准,改进考试内容,强化职业道德、心理素养、教育教学能力和教师专业发展潜质,改革考试形式,加强考试管理,完善考试评价,引导教师教育改革,严把教师职业入口关,结合新任教师公开招聘制度改革,逐步形成"国标、省考、县聘、校用"教师准入和管理制度。

新的考试标准除了研制一系列规程和细则外,还从教师队伍建设的现状出发,实施差异化管理,采取"新人新办法、老人老办法"等措施,循序渐进,逐步推开,持续提高要求和教师队伍整体素质。特别规定,2011 年以后入学的师范类专业学生申请教师资格,应参加教师资格考试,还规定在职教师每 5 年要进行一次注册考核,不达标者将退出,预计用 3 年时间使其成为全国性常态制度。

2011 年下半年,教育部在浙江、湖北两省进行中小学和幼儿园教师资格考试试点。2012 年,中小学和幼儿园教师资格考试改革试点工作扩大到河北、上海、浙江、湖北、广西、海南 6 省(自治区、直辖市)。考试对象、性质、类别、目的、内容、形式、要求和标准既顺应国际趋势,又切合国内实际,旨在统一规范教师的入职标准,促进教师的专业发展。2013 年,计划在全国完成推广,实现国家教师资格统考的常态化。

新的中小学和幼儿园教师资格考试标准是教师职业准入的国家标准,是从事中小学和幼儿园教师职业的最基本要求,是进行中小学和幼儿园教师资格考试的基本依据,包括幼儿园教师、小学教师、初中教师、高中教师资格考试标准。标准以中小学教师资格证认定的基本要求为载体,包括基本条件、学历要求、教学能力要求三部分。

新的教师资格考试分为笔试和面试两部分。笔试主要考核申请人从事教师职业所应具备的教育理念、职业道德和教育法律法规知识;科学文化素养和阅读理解、语言表达、逻辑推理和信息处理等基本能力;教育教学、学生指导和班级管理的基本知识;拟任教学科(专业)领域的基本知识,教学设计、实施、评价的知识和方法,运用所学知识分析和解决教育教学实际问题的能力。面试主要考核申请人的职业道德、心理素质、仪表仪态、言语表达、思维品质等教师基本素养和教学设计、教学实施、教学评价等教学基本技能,通过结构化面试、情景模拟等方式进行。

3. 中国教师的专业标准

我国自 2010 年 9 月开始,即着手建立教师专业标准体系,包括《中小学教师专业标准》《教师教育课程标准》《教师教育机构资质标准》《教师教育质量评估标准》等。经过近两年的酝酿、起草、论证及广泛征求意见和咨询,教育部于 2012 年 9 月14 日正式公布《幼儿园教师专业标准(试行)》《小学教师专业标准(试行)》和《中学教师专业标准(试行)》。新的教师专业标准由"基本理念、基本内容与实施建议"三大部分构成。基本理念提出,教师要以学生(幼儿)为本、师德为先、能力为重,终身学习。基本内容由维度、领域和基本要求组成,分别对幼儿园、小学、中学教师的专业理念与师德、专业知识和专业能力提出约60条具体要求。

新标准强调,教师要给幼儿和小学生快乐的学校生活,要让中学生自主发展;小学教师要了解性教育知识,中学教师要引导学生提高创新能力。同时,"标准"还与"教师定期考核制度"相匹配,意图形成组合拳,实行师德不佳一票否决。

2012年9月7日,国务院《关于加强教师队伍建设的意见》提出,进一步完善教师专业发展标准体系。根据各级各类教育的特点,出台幼儿园、小学、中学、职业学校、高等学校、特殊教育学校教师专业标准,作为教师培养、准入、培训、考核等工作的重要依据。制定幼儿园园长、普通中小学校长、中等职业学校校长专业标准和任职资格标准,提高校长(园长)专业化水平。制定师范类专业认证标准,开展专业认证和评估,规范师范类专业办学,建立教师培养质量评估制度。

4.中国教师教育的课程标准

早在2004年10月,教育部即启动《教师教育课程标准》研制工作,历时7年,于2011年10月,正式发布《关于大力推进教师教育课程改革的意见》,并按照幼儿园职前教师、小学职前教师、中学职前教师、在职教师序列,颁发《教师教育课程标准(试行)》(以下简称"课程标准")。"课程标准"由"基本理念、教师教育课程目标与课程设置、实施建议"三部分构成。教育部要求各级教育行政部门和教师教育机构积极创新教师教育课程理念,优化教师教育课程结构,改革课程教学内容,开发优质课程资源,改进教学方法和手段,强化教育实践环节,加强教师养成教育,建设高水平师资队伍,建立课程管理和质量评估制度,加强组织领导和条件保障,全面贯彻实施"课程标准",切实提高教师职前教育和在职培训的质量。

"课程标准"要求,无论是中小学、幼儿园教师的职前教育课程还是其在职教育课程,都必须共同遵行育人为本、实践取向、终身学习的基本理念。关于教师教育课程目标与课程设置的内容,按幼儿园、小学、中学序列,分为教师职前教育的课程目标和课程设置两大块。

其中,幼儿园职前教师教育课程要帮助未来教师充分认识幼儿阶段的特性和价值,理解"保教结合"的重要性,学会按幼儿的成长特点进行科学的保育和教育;理解幼儿的认知特点和学习方式,学会把教育寓于幼儿的生活和游戏中,创设适宜的教育环境,保护与发展幼儿探究、创造的兴趣,让幼儿在愉快的幼儿园生活中健康地成长。"课程目标"包括"三大目标领域、九项目标、三十八条基本要求","课程设置"包括"学习领域、建议模块、学分要求(三年制专科、五年制专科、四年制本科)"等内容。

　　小学职前教师教育课程要引导未来教师理解小学生成长的特点与差异,学会创设富有支持性和挑战性的学习环境,满足他们的表现欲和求知欲;理解小学生的生活经验和现场资源的重要意义,学会设计和组织适宜的活动,指导和帮助他们自主、合作与探究学习,形成良好的学习习惯;理解交往对小学生发展的价值和独特性,学会组织各种集体和伙伴活动,让他们在有意义的学校生活中快乐成长。"课程目标"包括"三大目标领域、九项目标、三十三条基本要求","课程设置"包括"学习领域、建议模块、学分要求(三年制专科、五年制专科、四年制本科)"等内容。

　　中学职前教师教育课程要引导未来教师理解青春期的特点及其对中学生生活的影响,学习指导他们安全度过青春期;理解中学生的认知特点与学习方式,学会创建学习环境,鼓励独立思考,指导他们用多种方式探究学科知识;理解中学生的人格与文化特点,学会尊重他们的自我意识,指导他们规划自己的人生,在多样化的活动中发展社会实践能力。"课程目标"包括"三大目标领域、九项目标、三十四条基本要求","课程设置"包括"学习领域、建议模块、学分要求(三年制专科、四年制本科)"等内容。

　　在职教师教育课程分为学历教育课程与非学历教育课程。学历教育课程方案的制订要以本标准为依据,考虑教师教育机构自身的培养目标、学习者的性质和特点,并参照在职教师教育课程设置框架;非学历教育课程方案的制订要针对教师在不同发展阶段的特殊需求,参照在职教师教育课程设置框架,提供灵活多样、新颖实用、针对性强的课程,确保教师持续而有效的专业学习。

　　在职教师教育课程要满足教师专业发展的多样化需求,充分利用教师自身的经验与优势,进一步深化和发展职前教师教育的课程目标,引导教师加深专业理解、解决实际问题、提升自身经验,促进教师专业发展。课程内容包括"课程功能指向、加深专业理解、解决实际问题及主题/模块举例"等。

五、教师职业素养阅读丛书的编撰

　　毋庸置疑,回溯教师职业的由来及其专业发展的历程,对我们系统了解教师职业的内涵和专业标准,是十分必要的。特别是了解和掌握国家新近出台的《教师教育课程标准》,不仅对规范教师教育的教学内容、改进教师教育的教学方法、提高教师教育的教学质量,进而提升教师队伍的整体素质,具有十分重要的现实意义和深远的历史意义,而且也给各级各类院校的教师教育课程实施和实践提供了国家级的课程标准,给各级各类教育行政部门加强教师教育的科学指导和管理提供了可资参考的依据。

　　鉴于此,浙江师范大学和重庆大学出版社根据国家的"课程标准",经过一年多的协同筹备和策划,组织省内外师范院校专长于教师教育教学与研究的学者,分工负责撰写相关篇目,自 2013 年始,陆续推出教师职业素养阅读丛书,旨在为广大一线中、小、幼教师的阅读、学习和教学提供有益的教材。本丛书力图突出以下几个特点:一是时代性,即有利于了解国内外中小学教育教学改革与发展的经验和做法,提高教师终身学习与持续发展的意识和能力;二是实践性,即直面教师教育教学中存在的诸多问题,并从这些问题出发,直接为教师提供比较切实可行的操作方法;三是理论性,即有利于教师学习先进中小学教育教学理论,启迪教师教学思维;四是导向性,即有利于教师学习国家有关教师专业发展和教育教学改革的法律和政策,提高教师政策素养;五是普适性,即既适合在职教师阅读,又适合在校师范生阅读,也适合欲参加教师资格考试的社会人员阅读。

　　本丛书是一个开放的体系,并没有限定册数。如果有与丛书宗旨相吻合的著作或教材,同时编著质量和水平也达到丛书标准,通过专家评审,编委会在征求总主编和作者本人同意的基础上,及时将其纳入丛书,并积极向读者推介。本套丛书的第一次编写会议于 2012 年 2 月召开,首期计划陆续出版《如何做班主任工作——一门关于爱与智慧的艺术》《教师身边的教育科研》《课堂教学策略与艺术》《教师实习指导手册》《教师信息技术基本技能》《教学设计论纲》《教师职业保健》《教师人文读本》《教师自然读本》《教师职业伦理》《教育政策与法规》《教学成果的实现》《教师实验教学素养的提升》《大国的教师发展》《应对与求索:当代主要教育思潮》《教师嗓音健康与训练》《教学成果是这样炼成的》《教师职业生涯规划与设计》《校本研究与教师行动研究指南》等 20 册。撰写过程中,作者可根据研究进展对内容和体例作适度调整,书名也可能会有所变动。

　　中小学教师素质的培养和提升是一项系统而复杂的工程,需要全社会的关注和努力。希望此套丛书对丰富中小学教师的阅读及其职业和专业素养的提升有所裨益和帮助。丛书中的不足之处,也请广大读者批评指正。

　　　　　　　　　　　　　　　　　　　　　　　　　　吴锋民　　杨天平

目　录

第一章 职业生涯规划概述

一个人的职业生涯是否成功,虽常受到机遇、环境等的影响,但最根本的乃是取决于个体对职业生涯的计划和管理。教师作为一种特殊的职业,要获得职业成功,必须在对教师这一职业身份认同的基础上,通过有效的生涯规划和管理,使自己在教学能力、科研能力、管理能力等多方面不断追求和不断进步。

本章将详细介绍职业生涯规划的相关概念,如澄清职业、职业生涯、职业生涯规划的内涵、外延。在此基础上,重点分析教师职业生涯规划的特殊性:教师的专业和身份认同。

第一节 何为职业生涯规划

一、职业与职业生涯

(一)职业

职业是人们的一种生活方式,每个人的一生都要面临职业选择。尤其随着现代社会的高速发展,社会分工日益专业化和细密化,职业选择作为一种普遍但重要的社会现象受到人们的持续关注。

1. 职业的内涵

职业,本身是一个范围极广、种类极多的领域,由于研究的目的和角度不同,人们对职业的内涵也有不同的界定。

从词义学的角度来看,在中国的《辞海》中,"职业"一词由"职"与"业"二字构成。"职"包含着职位、职责、权利和义务的意思;"业"包含着从事业务、事业、事情、独特工作的意思。

在英语中,常用 vocation 和 occupation 来表示"职业"的意思,但两者的含义并不完全相同。vocation 强调一个人内在的、心理上的使命感,即自觉受到昭示并具有适于做某种工作的特定"天赋"或神召"天职";occupation 则强调一种外在的、客观的占据状态,即由于社会制度安排或外在分工环境约束,一个人所从事的事业需要永久性地耗用时间、精力①。

另外,国内外一些学者也对职业的内涵作了不同界定。美国社会学家李·泰勒从社会学角度出发,将职业解释为一整套成为模式的与特殊工作经验有关的人群关系。这种成为模式的工作关系的结合,促进了职业结构的发展和职业意识形态的显现。日本社会学家尾高邦雄认为职业是某种社会分工或社会角色的实现。因此,职业包括工作、工作的场所和地位。他还指出:"职业是社会与个人,或整体与个体的结合点。通过这一点的动态相关,形成了人类社会共同生活的基本结构。整体靠个体通过职业活动来实现,个体则通过职业活动对整体的存在和发展作出贡献。"

美国社会学家塞尔兹从经济学的角度认为"职业"是一个人为了取得个人收入而连续从事的具有市场价值的特殊活动。这种活动决定着从业者的社会地位。日本劳动问题专家保谷六郎认为,职业是有劳动能力的人为了生活所得而发挥个人能力,向社会作贡献而连续从事的活动。

我国职业生涯管理专家程社明,将职业定义为"参与社会分工,利用专门知识、技能为社会创造物质财富、精神财富,获取合理报酬作为物质生活来源,并满足精神需求的工作"。他的定义强调了职业的个人与社会、知识技能与创造、创造与报酬、工作与生活的四种关系②。

综上所述,从科学的含义上看,职业是人们为了谋求生存和发展而从事的相对稳定的、有经济收入的、专门类别的社会劳动③。这里的职业不同于我们日常所说的一般工作,虽然它与工作一样都是获取经济收入,但是一份工作可能是暂时的、临时性的,而职业则强调从事的事务的稳定性。通常指一个人较长的一段从业经历。此外,职业更强调专业性,它是随着社会分工的出现而出现的,专业化要求更高。

2. 职业的特点

第一,基础性。职业是个人和社会存在与发展的基础,因为职业给人们解决了生活的基础问题。人们为了生存必须从事职业活动,人们的各种社会活动、人文活动,大多建立在职业的基础上,"仓廪实而知礼节,衣食足而知荣辱",有了职业生活,才有了其他一切社会生活的基础。如人类有了农业,有了农民,就能够利用自然界提供长久的生存资料。

第二,广泛性。职业问题涉及社会的大部分成员,也涉及社会、经济、心理、教育、技术、政治、伦理等领域,因而它具有广泛性。就个人而言,一个人生活的方方面面,都与大千职业世界发生着联系。

第三,经济性。职业活动区别于其他活动的重要标志,就是职业是以获得经济收入、取得报酬为目的。没有报酬的工作,即使其劳动活动较为稳固,也不是职业。如父母养育自己的孩子不是以获取经济收入为目的,因而不能算是职业活动,而月

---

① 黄俊毅,沈华玉,胡潇文.大学生职业生涯规划[M].北京:清华大学出版社,2010:3.

②③ 李晓波,李洪波.大学生职业生涯规划与发展[M].北京:化学工业出版社,2010:20.

嫂照看他人的孩子从而获得一定的经济收入就属于职业活动。

第四,差异性。不同职业之间可能在职业劳动的内容、职业的社会心理、从业者个人的行为模式等方面有着巨大的差异。一般来说,人类社会作为一个有机体,必然存在不同的社会分工,存在着多种多样的职业,这是社会发展的必然趋势。常言道,"三百六十行,行行出状元",现代社会的职业种类成千上万,并且仍在不断分化出新的职业。不同职业间存在着很大的差异,不同职业其劳动条件、工作对象、工作性质都不尽相同。如推销员主要从事商品、服务推销;而营销师则从事市场分析与开发研究,为企业生产经营决策提供咨询,并进行产品宣传促销。

第五,社会性。职业随着社会分工的出现产生,并随着社会生产力的发展而不断发展。生产力越是高度发展,社会分工也就越复杂越细致。从某种意义上讲,社会就是各种职业和职业活动的统一体。人的本质是具有社会性,人们从事不同的职业,就会获得不同的社会角色,同时,他们的经济状况、文化水准、行为方式也是各不相同的,并以此反映出他们各自的社会地位。

第六,时代性。职业随时代的需求而产生,随时代的变迁而变化,不同时期会出现不同的职业,新的职业不断出现,在新行业产生与兴旺的同时,旧的、落后的行业逐渐消失,因而相应的职业也随之消失。此外,每个时代都会有自己的职业特征,所以,我们在选择职业时应紧跟时代发展的步伐。

第七,层次性。尽管从社会需要的角度来看,职业间不应区分重要与否,也没有高低贵贱的等级之分。但现实社会中,人们对不同职业的社会评价确实存在着差别,因而导致职业具有一定的层次性。这种职业评价的层次性,主要根源于不同职业的体力、脑力付出的不同和工作复杂程度的不同,以及工作的轻松性、教育资格条件、在工作组织权利结构中的地位等方面的差别[①]。另外,我们需要注意的是,这种层次性也不是固定不变的,它会随着社会文化的发展和人们观念的变化而变化。

(二)职业生涯

1.职业生涯的内涵

关于职业生涯的认识与研究,一些学者从不同角度对其含义作了界定,如表1-1所示。

表1-1 职业生涯的主要内涵

学 者	年 份	内 涵
沙特列(Shartle)	1952	一个人工作、生活中所经历的职业或职位的总称。
萨帕(Super)	1957	一个人终生经历的所有职位的整体历程。

---

① 李晓波,李洪波.大学生职业生涯规划与发展[M].北京:化学工业出版社,2010:21.

续表

学　者	年　份	内　涵
考夫曼 （Coffman）	1959	含职业顺序、成就、权限或冒险的客观面与视生活为一个整体、解释所遭遇事物的意义的主观面
威伦斯基（Wilensky）	1960	一种相关工作的程序，而不是工作。
克拉斯特（Claster）	1964	一个较高职位或较专门角色的连续移动。
达伦多夫 （Dahrendorf）	1965	中产阶级的个人与社会中的高级职位的一种直接联结。
麦克·法兰德 （Mc Farland）	1969	一个人依据心中的长期目标，所形成的一系列职业或工作选择，以及相关的教育或训练活动，是有计划的职业发展历程。
格伦（Clenn）	1971	一个人在其工作期间的工作领域进程。
霍德和班那兹 （Hood and Banathy）	1972	个人对职业的选择与发展，非职业性或休闲活动的选择与追求，以及在社交活动中参与的满足感。
霍尔（Hall）	1976	每个人终其一生与其工作或职业有关的经验或态度。
萨帕（Super）	1976	生活中各种事件的演进方向与历程，综合个人一生中的各种职业和生活角色，由此表现出个人独特的自我发展类型；生涯也是人生自青春期至退休之后，一连串有酬或无酬职位的综合，甚至也包含副业、家庭和公民的角色。
卡西欧（Cascio）	1978	一个人工作生活中所从事的职位、工作或职业顺序。
阿瑟和洛伦丝 （Arthur and Lawrence）	1984	个人一连串的职位变换过程，这种过程能带给个人进步、成长、工作的意义。
伊万切维奇和克拉切克 （Ivancevich and Clueck）	1989	个人工作生活中与工作相关的经验和活动结合的态度以及行为的顺序。
阿尔耶和梁 （Aryee and Leong）	1991	一种与工作相关的价值观，反映个人对工作形态、绩效标准、工作内容认可等方面的偏好。
格林豪斯 （Greenhaus）	2000	贯穿个人整个生命周期的、与工作相关的经历的组合。一个人的职业生涯通常包括一系列客观事件的变化以及主观知觉的变化。
林幸台	1989	包括个人一生中所从事的工作，以及所担任的职务、角色，但同时也涉及其他工作或非职业的活动，也就是个人生活中所有衣食住行及娱乐的总和。
张添洲	1993	个人终身学习与所从事工作或职业有关的过程，属于整体人生的发展，包括生命、志向、抱负等。

续表

学 者	年 份	内 涵
张德	2001	个人从首次参加工作开始的一生中所有的工作活动与工作经历按编年顺序串接组成的整个过程,也可以看作是以心理开发、生理开发、智力开发、技能开发、伦理开发等人的潜能开发为基础,以工作内容的确定和变化、工作业绩的评价、工资待遇、职称职务的变动为标志,以满足需求为目标的工作经历和内心体验的经历。
胡冬吟	2002	个人在有限的生命历程中,经由环境互动关系,发展出一连串与工作或职业有关的作为、经验、活动等。

(资料来源:关培兰,张爱武. 职业设计与管理[M].武汉:武汉大学出版社,2009:4-5.)

从上述观点我们可以看出,职业生涯大致可以归纳为广义和狭义两个层面。狭义的职业生涯,起始于最初工作之前的专门的职业学习和训练,终止于完全结束或退出职业工作,限定于直接从事职业工作的这段生命时光;广义的职业生涯,则可以从个体的出生之时开始到完全结束职业工作为止,包括了个体的全部生命历程。也可以说是从职业能力的获得、职业兴趣的培养、选择职业、就职,直到最后完全退出职业劳动这样一个完整的职业发展过程。

职业生涯是一个人的终生职业经历,是追求自我价值实现的重要人生阶段。与职业不同,职业生涯是一个发展的概念,是一个动态的过程。这整个历程可以是间断的,也可以是连续的。它不仅包括一个人的过去、现在和未来那些可以实际观察到的连续从事的职业发展过程,还包括个人对职业生涯发展的见解和期望[①]。同时,我们还应注意到职业生涯它包含了一个雇佣时间跨度,这期间涉及一个或几个职业,而在每个职业中又可以有一系列的职位。职位是在某一职业中的一个岗位。一个人可以在某一职业中陆续拥有不同的职位。例如,语文教师是一种职位,教师是一种职业,而从普通的语文教师到特级的语文教师的过程则展现了一个人的职业生涯。我们所要规划和设计的不是一份工作或一个职位,而是职业的发展,即职业生涯,它是每个人人生的一段重要经历和过程。

2.职业生涯的特点

从职业生涯的内涵出发,职业生涯具有以下几个方面的特点。

第一,独特性。每个人都有自己的职业发展条件,有自己的职业发展动力和个人需求,有着自己的职业选择,借助不同的职业发展路径寻求个人成长和发展。因此,每个人的职业生涯往往具有独特性。

第二,动态性。每一个人的职业生涯都是一种发展的、演进的动态过程。在这

---

① 胡建宏,刘雪梅.大学生职业生涯规划[M].北京:中国宇航出版社,2007:17.

个过程中,一方面,员工的知识技能不断增强,薪酬水平将会相应增加,职务也会不断地改变。另一方面,员工和企业之间也会从最初的磨合到相互接纳和共同发展。

第三,阶段性。职业生涯是一个动态的、发展的过程,不同的发展阶段有着不同的特点和规律。因此,应该了解职业生涯每个阶段的状况和特征,进而有针对性地进行职业的规划和调整,这将有利于目标的顺利实现。

第四,互动性。人的职业生涯是个人与他人、个人与环境、个人与组织、个人与社会之间互动的结果。个人的职业发展离不开家庭、组织和社会各种因素的相互影响。因此,个人职业生涯的规划和发展都不能脱离客观环境的影响和制约,它们之间存在非常强的交互作用。

第五,整合性。整合性是指由于个人所从事的工作或职业往往会决定其生活形态,与其家庭和生活的各个阶段紧密相连,因此,职业与生活两者之间很难区分,从而职业生涯具有整合性,涵盖人生整体发展的各个层面,而非仅仅局限于某个工作或职位。

3. 职业生涯的发展阶段

每个人在实现职业生涯目标的过程中,都会经历不同的发展阶段,有着不同的职业需求和人生追求。正确认识职业生涯发展规律以及自己所处的发展阶段,对制订有效的职业生涯规划非常重要。一般认为,职业生涯可以分为以下六个阶段:

(1)职业准备阶段。一般从 14 ~ 15 岁开始,延续到 18 ~ 22 岁,读研究生则延续到 25 ~ 28 岁。这是一个人就业前学习专业、职业知识和技能的时期,也是一个人素质形成的关键时期。

(2)职业选择阶段。一般集中在 17 ~ 30 岁。这是一个人从学校走上社会工作岗位,在职业准备的基础上实际职业选择的时期,也是由潜在的劳动者变为现实劳动者的关键时期。

(3)职业适应阶段。一般在就业后的 1 ~ 2 年。这一时期是对一个人走上工作岗位的职业能力的实际检验。择业者刚刚踏上职业岗位,必然要有一个适应的过程。

(4)职业稳定阶段。一般从 20 ~ 30 岁开始,延续到 40 ~ 50 岁。这一时期是人的职业生涯的主体,也是取得事业成功的关键时期。

(5)职业衰退阶段。一般从 45 ~ 50 岁开始,延续到 55 ~ 60 岁。这一时期,人开始步入老年。一般而言,由于生理条件的变化,人的体力下降,各方面能力也缓慢减退,心理需求逐渐降低并求稳以维持现状。这时期,可以规划退休前全身而退的策略,以及退休后的目标转移方案。但是也有些老年人,他们的智力并没有减退,而知识、经验还呈现越来越高的现象(有学者称之为"晶态智力")。这些人往往是所从事职业领域里的专家或专业方面的学术带头人。

(6)职业结束阶段。一般是到 60 岁以后,这一时期是由于人们年老或其他身体状况等原因,而逐渐丧失职业能力和职业兴趣,从而结束职业生涯历程的时期①。

① 李晓波,李洪波.大学生职业生涯规划与发展[M].北京:化学工业出版社,2010:24-25.

二、职业生涯规划

(一)职业生涯规划的内涵

职业生涯规划的概念最早是由著名管理专家威廉姆·罗斯威尔提出的,他认为:"职业生涯规划就是个人结合自身情况以及眼前制约因素,为自己实现职业目标而确定行动方向、行动时间和行动方案。"具体来讲,职业生涯规划是个人与组织相结合,在对一个人职业生涯的主客观条件进行测定、分析、总结研究的基础上,对自己的兴趣、爱好、能力、特长、经历及不足等各方面进行综合分析与权衡,结合时代特点,根据自己的职业倾向,确定最佳的职业奋斗目标,并为实现这一目标作出行之有效的行动方案和计划安排。

职业生涯规划的目的是帮助个体真正地认识自我,并在此基础上,结合周围的客观条件,为自己的事业和未来制订出一个切实可行的、合理的职业发展方向,最终实现自我价值和理想。一个有职业生涯规划的人,他的生活才是有目标、有意义的。我们要注意,在现实生活中,不是人人都有自己的职业生涯规划。即使是一个有工作的人,他也未必有职业生涯规划。职业生涯是一个长期的过程,找到一份工作仅仅只是开始而已。

根据时间的维度,我们一般将职业生涯划分为短期规划、中期规划、长期规划和人生规划四种类型。

(1)短期规划。即2年以内的规划,主要是确定近期目标,规划近期应完成的任务。

(2)中期规划。即指2~5年内的就职目标和任务,是最常用的一种职业生涯规划。

(3)长期规划。即5~10年的规划,主要是设定较长远的目标,以及为实现此目标应采取的具体措施。

(4)人生规划。即整个职业生涯的规划,时间长达40年左右,设定整个人生的发展目标和阶梯①。

由于个体本身和周围的环境随时都可能发生变化,时间跨度太长的规划难以把握,而时间跨度太短的规划意义不大,所以,在实际操作过程中,人们一般倾向于将个人职业生涯规划的重点放在2~5年的中期规划,这样既便于根据实际情况制订可行的目标,又便于根据现实的反馈和变化情况进行相应的修正和调整。

(二)职业生涯规划的要素

职业规划具有明显的个性化特征,每个人因各自的生涯发展阶段和发展历程不同,其职业生涯规划的重点也就各不相同。不同的人在做职业生涯规划时,所考

---

① 胡建宏,刘雪梅.大学生职业生涯规划[M].北京:中国宇航出版社,2007:25.

虑的相关要素也会不同。但是,有一些因素是共性的因素,任何人做职业生涯规划都应充分考虑,即知己、知彼和抉择三个要素。

知己,就是全面、充分地认识自我。主要是对自己内心世界的认识,包括自己的性格、兴趣、特长、智能、情商等。

知彼,就是对自己所从事的职业环境以及相关的组织信息有一个全面的了解。主要是探索外在的职业世界,包括所在组织的环境、职业的特性、工作发展的前景、政治环境、经济环境等。

抉择,就是在知己知彼的基础上,选择符合现实,能发挥自己专长和强项,且自己有兴趣并与环境相适应的职业目标。主要包括抉择技巧、抉择风格,以及抉择可能面临的冲突、阻力和助力等①。

我们需要注意,只有在知己知彼的基础上作出的抉择才是正确的抉择。具体来讲,"择己所长"(选择自己擅长的领域,才能发挥自我优势)、"择己所爱"(只有对自己选择的职业有极大的热爱,才会全身心投入,做出一番成绩)、"择世所需"(职业只有为社会所需,才会有发展的保障)和"受益最大"(适合自己,并有发展前景的职业)就是正确抉择的黄金准则。

(三)职业生涯规划的原则

毫无疑问,时间的流逝是单向运动,无法追回,人生之旅只发单程车票。任何人都会希望自己在有生之年把握机遇,运筹帷幄,走向辉煌。所以在制订个人职业生涯规划时,既要有挑战性,又要避免好高骛远,注意适时调整。更重要的是还要掌握制订个人职业生涯规划的重要原则。

第一,长期性原则。规划一定要从长远考虑,着眼于大方向。同时,人生的各个阶段是持续连贯发展的,所以,职业生涯的规划也应考虑人生发展的整个过程。

第二,清晰性原则。应该考虑目标、措施是否清晰、明确,实现目标的步骤是否直截了当,安排是否具体。

第三,挑战性原则。为避免陷于平庸,应该注意考虑制订目标或措施是否具有挑战性,太容易实现的目标对自我的内在激励作用不大,所以,要根据自身的情况,制订高于现状但又切实可行的目标。

第四,可行性原则。要从自身的实际情况和所处的环境状况出发,制订适合自己,并且与周围环境相适应的职业生涯规划。

第五,变动性原则。在制订规划时,一定要将职业生涯看作是一个动态的发展过程,所以,目标或措施应具有一定的弹性或缓冲性,这样在实际操作中,才能更好地根据环境或自身的变化适时地作出修正和调整。

第六,一致性原则。即主要目标要与分解目标协调一致,具体措施要与目标一

---

① 李晓波,李洪波.大学生职业生涯规划与发展[M].北京:化学工业出版社,2010:27.

致,同时个人目标要保持与所在组织目标的一致。

第七,可评量原则。即规划的设计应该有明确的标准和时间限制,以便自己能根据进度来评量和坚持计划执行的情况,并适时作出修正和调整,以保证计划的顺利进行和目标的实现。

(四)职业生涯规划的步骤

职业生涯规划的主要内容反映规划制订者对价值观念、能力的自省程度和对职业生涯发展的自我把握程度。一份完整有效的职业生涯规划应包括职业素质分析(自我识别与测评定位)、职位环境分析、职业目标的确定、实施策略与措施和反馈调整 5 个环节。

1. 自我识别与测评定位

自我识别与测评定位是职业生涯规划的基础。自我识别要求能全面、客观、准确地了解自己;测评定位,就是在自我识别的过程中,通过一些科学工具的测试或他人的评价来更加全面地认识自我,从而更加客观和准确地给自己定位。

自我识别和测评定位的主要内容是与个人相关的所有因素,包括兴趣爱好、气质、性格、能力、特长、专长、思维方式、价值观、情商等。只有在充分了解自己的长处和短处以及自己的兴趣爱好后,一个人才能更好地根据实际选择适合自己的职业。

2. 职业环境分析

除了正确、清晰地认识自己之外,一个人还需要对其所处的职业环境有一个清醒的认识。职业环境主要包括社会政治环境、经济环境和所在单位或组织的环境的分析。人最本质的特点是具有社会性,一个人职业生涯的规划与发展必定会受到社会环境的影响,所以,在制订职业生涯规划时,要充分考虑社会就业形势、经济发展状况、政治局势、所在单位的文化和价值理念等。只有在充分分析职业环境的基础上,制订的职业生涯规划才具有实际性和可行性。

3. 职业生涯目标的确定

没有目标的人生是没有意义的人生,同样,没有目标的职业生涯规划就根本称不上是规划。"明确方向是成功的一半",我们制订职业生涯规划是为了实现目标,进而获得自己理想的生活。职业生涯的目标是指可预想到的,有一定实现可能性的最长远目标,包括人生目标、长期目标、中期目标和短期目标。我们需要注意的是,在制订目标时,不能定得太高也不能定得太低,要根据自己的能力,制订有一定难度的,需要通过一定努力才能实现的目标,切忌在制订目标时,不切实际地好高骛远。

4. 制订行动计划与措施

在确定了职业生涯规划目标后,行动便成了关键的环节。每一步的行动计划与措施都应为最终目标的实现而服务。所以,在制订规划时,行动计划与措施应具体可行,容易评量。具体来讲,包括职业生涯发展路线、教育培训安排、时间计划等方面的行动和措施。

5.评估与反馈

俗话说"计划赶不上变化",影响职业生涯规划的因素很多,有的变化因素可以预测,有的则难以预测。尤其在现代职业领域,变化更多更快。所以,要使职业生涯规划行之有效,就必须不断地根据外界的变化对规划进行调整与修正。

对职业生涯的评估与反馈主要包括职业的重新选择、职业生涯路线的重新选择、人生目标的修订、措施的实施与计划的变更等。在具体的实施过程中,我们需要在计划或措施实施一段时间后,对计划执行的情况进行内容和成效的评估,效果好则继续进行并保持下去,效果不好则根据相关的反馈信息,查找和反思存在的问题,并适时作出调整与修订,以保证职业生涯规划目标的最终实现。

第二节　教师专业化和身份认同

如果从现代教学组织形式——班级授课制的建立、教师开始成为一种专门职业算起,教师专业发展(professional development of teachers)已经有三百多年的历史了。第二次世界大战以后,特别是 20 世纪 60 年代以后,教师专业发展成为一股强劲的思想浪潮,并极大地推动了许多国家教师教育新理念和新制度的建立。现在,教师专业发展已经成为促进教师教育发展和提高教师社会地位的成功策略。这一部分介绍从教师职业出现至教师专业发展兴盛这一历史过程,辨析教师专业发展的相关概念,阐释教师专业素养等基本理论问题。

一、概念辨析:专业、专业化

(一)专业的概念

"专业"一词,在现代社会的日常生活中已经是一个耳熟能详的术语了,但人们对其含义的理解还是比较模糊。

"专业"一词最早是从拉丁语演化而来,原始的意思是公开地表达自己的观点或信仰。与之相对的是"行业(trade)",包含着中世纪手工行会所保留的对其行业的专门知识和技能控制只能传授给本门派的人的神秘色彩。德语中"专业"一词是 beruf,其含义是指具备学术的、自由的、文明的特征的社会职业。

《现代汉语词典》中关于"专业"的解释是:

(1)高等学校的一个系里或中等专业学校里,根据科学分工或生产部门的分工把学业分成的门类;

(2)产业部门中根据产品生产的不同过程而分成的各业务部门;

（3）专门从事某种工作或职业的。

根据社会学者关注专业特质的视角，专业可以界定为基于专业知识和职业道德而建立起来的职业群体，它所提供的社会服务具有不可或缺的社会功能。并且，根据专业的特质，研究者们提出了判定某一职业为专业的标准。如1948年美国教育协会提出了专业的八条标准，它们是：

（1）含有基本的心智活动；

（2）拥有一套专门化的知识体系；

（3）需要长时间的专门训练；

（4）需要持续的在职成长；

（5）提供终身从事的职业生涯和永久的成员资格；

（6）建立自身的专业标准；

（7）置服务于个人利益之上；

（8）拥有强大的、严密的专业团体。

1956年利伯曼（M Liebeman）提出了专业的八条特征：

（1）范围明确，垄断地从事社会不可缺少的工作；

（2）运用高度的理智性技术；

（3）需要长期的专业训练；

（4）从业者无论个人、集体均具有广泛的自律性；

（5）在专业的自律性范围内，直接负有作出判断、采取行为的责任；

（6）非营利，以服务为动机；

（7）形成了综合性的自治组织；

（8）拥有应用方式具体化了的伦理纲领。

1984年曾荣光综合了韦伦斯基（Welensky）和古德（Good）的研究，提出了专业的七条核心特质和十条衍生特质。专业的核心特质是：

（1）一套有学术地位的理论系统；

（2）一套与理论系统相适应的专业技术；

（3）理论与技术的效能获得证实与认可；

（4）专业知识具有不可或缺的社会功能；

（5）专业人员服务具有忘我主义；

（6）专业人员具备客观的服务态度；

（7）专业人员的服务公正不偏。

其中前四个方面属于专业知识的范畴，后三个方面属于专业服务的范畴。专业的衍生特质是：

（1）受过长期的专业训练；

（2）专业知识是大学中的一门学科；

（3）专业形成了垄断的专业知识系统；

(4)有管理控制职业群体的自主权;

(5)有制裁成员权力的专业组织;

(6)专业人员对当事人有极高的权威;

(7)对与其合作的群体有支配权;

(8)专业人员对职业投入感强;

(9)有一套制度化的道德守则;

(10)获得社会及当事人的信任。

根据教育部师范教育司组织编写的《教师专业化的理论与实践》中提出,判定一项职业为专业,必须符合三个方面的基本特征:不可或缺的社会功能;完善的专业理论和成熟的专业技能;高度的专业自主权和权威性的专业知识。[①]

1.专门职业具有不可或缺的社会功能

职业是社会分工的产物,社会分工的发展变化决定和制约着职业的发展变化。在人类社会初期就存在着建立在性别和年龄基础上的自然劳动分工,如男女的劳动分工、老人和儿童的分工,但那时还没有出现职业,还没有固定从事某项专门工作的人。随着人类社会的发展,一部分人开始专门从事驯服、饲养动物的畜牧工作,于是畜牧业从原始农业中分离出来,实现了人类历史上的第一次社会大分工,人类开始出现职业。以后,人类社会又实现了第二次、第三次的社会大分工,职业活动成了普遍的社会现象。随着生产社会化程度的日益提高,分工愈益发达,职业也越来越多。

任何职业都具有一定的社会功能,即有社会存在的价值,对社会发展具有推动作用,包括在日常生活中对于国家和人民的共同福利所担负的责任,对于发展社会政治、经济、科学、文化事业的意义。每一种职业的社会功能是不同的,一般来说,专门职业对社会具有重要作用,其作用的重要性表现在它具有不可或缺的社会功能。即它不但对社会有作用和贡献,而且其作用和贡献"更是整体社会继续存在及发展所不可缺少的,倘若专业服务不足或水准低落,则会对社会构成严重的伤害"。

专业的社会功能属性,决定了其从业人员需具备较高的专业道德规范和专业素养,以更好地履行专业职责、承担社会责任,促进专业社会功能的实现。

2.专门职业具有完善的专业理论和成熟的专业技能

专业理论和专业技能是一种职业能够被认可为专业的理论依据和技能保障。作为一门专业,必须建构起自己相对完整的理论体系,为具体的专业活动提供思想指导,从理论上指明专业发展的方向;确定专业知识的框架,明确专业活动的对象和范围,掌握从事专业工作场所需要的专业知识。

专门职业对专业知识和技能的要求决定了从业人员只有经过长期的专业训练,才能掌握其工作方法和实践能力,胜任专业工作。正如有的学者指出:首先,由

---

① 教育部师范教育司.教师专业化的理论与实践(修订版)[M].北京:人民教育出版社,2003:35-37.

于专业知识是包括理论系统与实践原则,所以专业的训练较其他职业需要更长时间的学理学习及在职实习,亦因此专业的职业社会化比较完整和深入;其次,由于专业知识享有一定学术地位,故多能成为现代大学内的一门独立学科;再次,由于专业知识是包括复杂的理论系统及实践原则,加上专业内自备一套特有的词汇、传播方式与操作程序,因此专业知识自成一封闭系统,而形成所谓的"圈内的知识",而且"圈内的知识"的形象更能为社会大众所接纳,即一般人均相信专业知识非他们所能理解、掌握和接受,只有受过专业训练者才有能力,甚至才获准运用这些知识,否则便可能对整体社会构成伤害。①

3. 专门职业具有高度的专业自主权和权威性的专业组织

拥有高度的专业自主权和权威性的专业组织是专业实践和发展的内在要求。由于专业活动所依赖的专业知识是"圈内的知识",是一套"高深的学术",它只能为专业人员所掌握,并为专业人员所垄断。因此,只有业内人员才有能力对业内的事务作出判断,控制业内的裁决权,如审核执业者的资格与能力,判断执业者的专业水平与品行等。为了独揽业内的裁决权,专业内必须形成一个对从业人员具有制裁权力的专业组织。

(二)教师职业是一种专业

一种职业不一定是专业,具体表现为:

第一,从事一定的专业是以系统掌握专业知识和技能为前提的,按照专业的逻辑行事;而从事普通职业不需要专门的知识和技能,是按照惯例行事。

第二,专业人员一般需要经过长期的专业训练,并且,这种训练一般是在大学里进行的,即专业人员的一个很重要的标记是其是否接受过高等教育;而普通职业人员不需要经过长期的专业培训,更多的是个人的工作体验和工作经验。

第三,相对于普通职业而言,专业从业人员为社会提供更加特有的、范围明确的、社会不可或缺的服务,在自主的范围内对于自己的专业行为与专业判断。

第四,专业通常将技术和服务融为一体,即专业人员不仅要提供优质的专业服务,同时为了保证服务品质和服务水平的不断提高,还要在服务中不断进行研究,通过研究提高专业水平,并且对专业人员而言,这种研究是一种自觉的行为;而普通职业仅提供一种服务,没有研究的意识。

第五,在专业范围内,存在明显的内行和外行,非专业人员对专业领域内的事情了解十分浅薄,无法深入从事该领域;而普通职业无所谓内行和外行。

第六,通常情况下,专业人员享有较高的职业声望,并且常常将专业工作视为一种生活方式,不同的专业人员有不同的生活方式;而普通职业的从业人员仅仅把工作当作是一种谋生的手段。

---

① 曾荣光. 教学专业与教师专业化一个礼会学的阐释[J]. 香港中文大学教育学报,1984(1).

那么,教师职业是不是一种专业呢? 埃利奥特等西方学者认为,教师与医生、律师、神甫职业被并称为"四个伟大的传统专业"。① 教师职业是一种专业,分析如下:

第一,从社会功能来看,教师职业垄断地从事于教育这一社会不可缺少的工作,教育事业的公共性天然规定了教师职业的公益性和公共性。从教育本身的职能来看,教育一方面促进受教育者的心理、智力发展;另一方面,为国家培养社会发展所需要的人才,是个体性和社会性的统一。

第二,从专业所要求的必须具有完善的专业理论和专业技能来看,教师必须具备经过严格而持续不断的研究才能获得并维持专业知识及专业技能的公共业务,也就是说教师职业需要长期的专业教育和运用高度的理智性技术。

第三,从专业自主权和权威性的专业组织来看,教师职业要求对所辖学生的教育和福利具有个人及共同的责任感。换而言之,教师职业要求在专业的自律性范围内,直接负有作出判断、采取行为的责任。

从权威性的专业组织来看,就美国而言,1966 年就有 1 400 多个独立的教育协会,新教师往往被如此众多而又相互竞争的教育专业团体弄得晕头转向。一般来说,教育专业组织的基本功能是:①维护和发展高度的道德标准;②维护和发展高度的专业标准;③维护和发展高度的教育标准;④维护和发展高度的社会服务标准;⑤维护和发展高标准的教师工作环境。教育专业组织的活动范畴主要包括:①出版;②研究;③教师权力;④公共关系;⑤立法;⑥专业发展;⑦工作环境;⑧教师福利;等等。

同时,教师职业已经形成了综合性的一套自我管理的体制,从幼儿园教师到高中教师都要经过一系列系统的培训。而且当今的教育科学已经从一门或几门比较抽象和一般的教育学原理,发展成为一个具有诸多分支学科和具体学科的教育学学科群,包括教育经济学、教育社会学、教育法学、教育评价学、教育管理学、教育心理学等。

1966 年联合国教科文组织和国际劳工组织在《关于教师地位的建议》中就强调教师的专业性质,认为"教学应被视为专业 Teaching should be regarded as a profession)"。这一教育史上的重要文献,可以说是第一次经由国际间的教育学者和政府人士共同讨论与合作,对于各国的教师地位,给予了专业的确认与鼓励。时隔30 年,1996 年联合国教科文组织第 45 届国际教育大会,通过了九项建议,其中第七项建议就是"专业化"作为一种改善教师地位和工作条件的策略。1998 年在北京师范大学召开的"面向 21 世纪师范教育国际研讨会"明确当前师范教育改革的核心是教师专业化问题。这些无疑说明了教师职业是一种专业,而且这种专业性还在不断增强。

---

① 赵康. 专业、专业属性及判断成熟专业的标准[J]. 社会学研究, 2000(5).

（三）专业化和教师专业化

专业化是一个社会学概念,其含义是指一个普通的职业群体在一定时期内,逐渐符合专业标准、成为专门职业并获得相应的专业地位的过程。从概念中,我们可以看到,专业化是专业从业人员不断符合专业标准,提升专业能力的过程。霍尔提出了专业化过程的 13 个特点:清楚地定义专业的功能;掌握理论知识;解决问题的能力;实际知识的运用;为维护前途而进行超越专业的自我提高;在基本知识和技术方面的正规教育;对能胜任实践工作的人授予证书或其他称号;专业亚文化群的创建;用法律手段强化专业特权;公众承认的独特作用,处理道德问题的道德实践和程序;对不符合标准的行为的惩处;与其他职业的关系;对用户的服务关系。

教师专业化(Teacher Professionalization),是指教师在整个职业生涯中,通过专门训练和终身学习,逐步习得教育专业的知识与技能并在教育专业实践中不断提高自身的从教素质,从而成为一名合格的专业教育工作者的过程。包含双层意义:既指教师个体通过职前培养,从一名新手逐渐成长为具备专业知识、专业技能和专业态度的成熟教师及其可持续的专业发展过程;也指教师职业整体从非专业职业、准专业职业向专业性质进步的过程。

从教师专业化的外部动力来看,首先社会发展对教育提出了更高的要求,特别是 20 世纪四五十年代以来,随着原子能的利用、电子计算机的发明和空间技术的发展,世界掀起一场全球性的、全方位的新科技革命。其规模和影响远远超过了以往的蒸汽革命和电力革命。这场革命将人类带进了一个新的科学技术时代。知识更新速度变得更快,信息量激增,社会经济结构和产业结构调整速度加快。社会科技的快速发展,对人才不但提出了量的要求,更提出了质的要求。教育如何适应社会的发展? 如何培养社会发展所需的人才? 关键在于从事教育工作的人员——教师的专业素养和专业能力。

其次,终身教育思想的提出将教师专业化纳入世界教育发展的浪潮中。1965年联合国教科文组织、终身教育局前局长法国教育家保罗·朗格朗提出了著名的终身教育思想。他认为,教育应贯彻于人的一生。在现代,任何人都不能指望他在青年时代所接受的教育能享用一生。教育应当是个人一生中连续不断的学习过程,终身学习将成为一种不可阻挡的趋势。教师要以终身教育为目标,将终身学习贯穿于自己的一生,不断完善自己的专业知识、专业能力,不断吸取本领域和相关领域的知识、研究最新的科研成果,提高自己的科研能力,使自己跟上时代发展的步伐,并在教育教学过程中,教会学生学会学习,学会认知。

第三,社会将教育所承载的期望转嫁在教师身上。即随着人们对教育期望的提高,对教师的期望也越来越高。人们希望教育界承担起更多的解决当前社会问题的责任。由于教师是教育活动的实施者,所以,这些期望又"顺理成章"地转化为对教师的素质要求。现代教师不仅要有广阔的知识视野、良好的道德修养、健康的心理素质,还要有开拓的创新精神、精湛的教学艺术等。

(四)教师专业化和专业发展

从广义的角度说,"教师专业化"与"教师专业发展"这两个概念是相通的,均指加强教师专业性的过程。但从狭义的角度说,它们之间还有一定的区别:"教师专业化"更多是从社会学角度加以考虑的,主要强调教师群体的、外在的专业性提升;"教师专业发展"更多是从教育学维度加以界定的,主要指教师个体的、内在的专业化提高。这两个不同的思维角度是随着教师专业发展研究进程而不断明晰的。最初人们的研究采用的是群体专业化的策略,关注提高教师教学工作专业化水平,以后人们逐渐将研究的视角转向教师个体专业化,强调教师个体的被动专业化和主动专业化。20世纪80年代以来,教师的专业发展成了教师专业化的方向和主题。人们越来越认识到,提高教师专业地位的有效途径是不断改善教师的专业教育,从而促进教师的专业发展。只有不断提高教师的专业水平,才能使教学工作成为受人尊敬的一种专业,成为具有较高社会地位的一种专业。

从本质上说,教师的专业发展是教师个体专业不断发展的历程,是教师不断接受新知识,提高专业能力的过程。教师要成为一个成熟的专业人员,需要通过不断的学习与探究历程来拓展其专业内涵,提高专业水平,从而达到专业成熟的境界。

二、教师专业发展的历史脉络

教师职业伴随着人类社会的产生而产生,是人类社会古老而永恒的职业之一。但作为专门培养学校教师的专业性教育却只有三百多年的历史。教师,作为人类文明的主要传递者,随着历史长河的变迁,其社会要求、职业特征等都在不断地发生变化。

(一)教师专业的源起

制度化教育形成以前,教师没有专门培养的必要,教师对教育内容的把握无须借助附加的外在力量,而内容过于简单也使得"教学方法"的问题并不突出,现实生活化的模仿与实践基本能够满足需要,我们不妨称之为"自然成长"阶段。

随着古代官学、私学等教学实体的形成,教师从业有了一个资格问题:教师至少应该掌握文字。这一时期,由于学校主办者多样化,办学条件不同,教师的来源也不同,有的受教会控制的学校由教会雇用平民担任教师工作,有的学校由地方政府聘请教师,一些无力借他途谋生的人往往投奔这一职业,靠教学维持生活,但很少有人以教学为专职。

随着各国政府兴办初等学校,对教师数量上的需求日益突出。国家开始从成人中挑选和任命教师,规定其工作职责,提供必要的生活保障,逐渐使教师职业化。

（二）教师专业地位的确立

随着义务教育的普及和班级授课制的实施，人们对原来的教育表现了越来越强烈的不满。1763 年普鲁士政府颁布的《全国学校规程》开篇就提出："有鉴于我国学校工作和青少年教育受到严重的忽视，青少年一代在许多不称职的教堂司事和学校教师指导下，生长在愚昧无知之中，这一令人不快的现状，经过充分酝酿和认真考虑，我们以为我国各行省应将教育置于更为重要的地位，并加以更为妥善的组织。"①人们逐渐意识到，如果缺乏职业训练，教学质量和效果无法得到保障。于是，许多国家在伴随着大量设置初等学校、国民学校、初级中学的同时，也开始设置师范教育机构，以培养专职的中小学教师。从世界范围看，师范教育于 17 世纪末最早出现在法国。1681 年，法国"基督教兄弟会"神甫拉萨尔（La Salle）在兰斯（Rheims）创立了世界上第一所师资培训学校，成为人类师范教育的滥觞。之后，奥地利、德国开始出现短期师资培训机构。这些早期的师资培训机构培训时间很短，主要采用"学徒制"的方法，使学生获得一些感性的认识和教学的经验，教育理论知识尚未进入正式的课堂，教师的培训也仅被视为一种职业训练而非专业训练。

到 18 世纪中下叶，随着各资本主义国家普及义务教育政策的实施，加之教育科学化运动的兴起，现代教学方法渐成体系，教育理论有了长足的进步，现代师范教育逐渐正规化。具体表现为各国相继颁布的师范教育相关法律法规，包括中等师范学校的设置、师资的训练、教师的选定、教师资格证书的规定以及教师的地位、工资福利待遇等。在教师培养中不仅注重教师的教育内容，也开始注重教师教学方法的培训。除了对教师进行文化知识教育外，还开设教育学、心理学等方面的课程，开展教学实习。师范教育作为教师培养的专业机构，是现代社会发展的产物，标志着教师专业化地位开始建立。但是，早期的师范教育对教师知识和能力的过分强调也留下了一定的隐患：即在让"只要掌握各种技术，就能有效工作"的假设也传递给了师范生，从而使他们渐渐失去了批判地分析、思考复杂的教学背景和过程的愿望与能力，放弃根据自己的思考而决定自己行动的责任感，这样的教师培养是不可能造就真正有效从事教学工作的教育者的。

（三）教师专业发展运动的兴盛

20 世纪 60 年代，随着婴儿潮一代进入教育适龄阶段，世界教育进入大发展阶段，各国教师极为短缺，仓促应付这种"量"的空缺产生了教师数量的激增。1963年，英国为了更快地培养教师，发表了《纽瑟姆报告》，建议改变大学毕业后进行师范教育的形式，而代之以教育专业课与普通课同时进行的培养方式。20 世纪 60 年代中后期，教师"量"的激增而"质"跟不上的弊端逐渐显现，迫使各国将提高教师

---

① E. P. 克雷伯.外国教育史料[M].华中师范大学,等,译.上海：华中师范大学出版社,1991：513.

质量放到战略焦点位置。原因在于,首先,世界出生率开始下降,对教师的需求量相对降低;其次是经济上的困难,政府需要大幅度削减公共支出并往往把教师培养机构作为减少开支的对象;第三,从总体上来说,学校教育没有达到公众所期望的质量,从而导致公众对教育的信心下降。对教育质量的不满和对教师素质低下的讨论很自然又引发了对教师教育的批评。于是,对教师素质的关注达到了前所未有的程度。

进入 20 世纪 80 年代,教师专业发展日趋成为人们关注的焦点和当代教育改革的中心主题之一。就美国而言,1980 年 6 月 16 日《时代周刊》一篇题为《危急!教师不会教》(*Help！Teacher can't Teach！*)的文章,引起了公众对教师质量的担忧,拉开了以提高教师素质,促进教师专业发展为核心的教育改革的序幕。特别是那一时期的霍姆斯小组的系列报告提出:要提高教学质量,一要确立教学工作的专业性地位,二要建立起与这一专业性职业相应的衡量标准。教师教育的责任就在于培养出训练有素的达到专业化标准的教师,以教师的专业化来实现教学的专业化,一方面可以确保未来学校对师资的需求;另一方面也可以较高的专业化水平而赢得较高的社会地位。在其 1990 年发布的《明日之学校》中提出了专业发展学校的设计原则,在 1995 年发布的《明日之教育学院》中则明确提出要重新设计教师教育课程,要充分考虑年轻教师的学习需要和教师整个专业生活过程中的专业发展需要;创设专业发展学校,改变过去教师培养主要是在大学校园,很少到中小学的局面,大学和中小学相互合作共同提高教师专业学习的质量。教师专业发展很快在美国形成一场势力强大的改革运动。此后的许多研究和改革都是围绕如何促使教师获得最大程度的专业发展而展开的。

三、教师专业发展和职业生涯规划

由于教师职业的特殊性,我们在探讨教师职业生涯的发展时离不开对教师专业发展的考虑。所谓教师专业发展,是指教师的专业成长或教师内在专业结构不断更新、演进和丰富的过程。根据教师的专业结构,教师的专业发展可以有观念、知识、能力、专业态度和动机、自我专业发展需要意识等不同侧面;根据教师专业结构发展水平,教师专业发展可以有不同等级。可以说,教师专业发展和教师职业生涯发展所关注的都是教师发展的问题,但前者侧重于教师专业结构的变化及专业结构发展的水平,后者则是以人类生命的发展与变化周期来看待教师的职业发展过程与周期。教师的专业发展是教师职业生涯发展中的最重要部分,教师的专业发展过程也可以看作是教师职业生涯的演进过程。因此,我们不能独立于生命发展周期的框架来谈教师的专业发展,也不能独立于教师的专业发展来谈教师的职业生涯发展。教师的职业生涯与教师的专业发展的关系如下:

第一,教师职业生涯与教师职业发展的内涵存在一定的差异。教师职业生涯是一个中性的概念,任何一个以教书为职业的人都可以视为处在教师的职业生涯当中,不管他是否在主动地寻求发展。教师的专业发展则带有目标和价值性,意味着教师作为专业人员在从事其职业的整个期间寻求自我不断发展的过程。另外,教师的专业发展更加强调个体内在的、主动的发展,影响发展的因素主要源于教师本身,发展的结果是教师专业素质的提升,以及教师达到专业成熟的境界。教师的职业生涯则更显出受动性,教师在一生的职业生涯中是否会变动其职业岗位和工作岗位,更主要的是受外在环境和因素的制约。

第二,教师的专业发展是贯穿于整个教师职业生涯的动态过程。对于对教育事业具有理想和热爱的教师来说,在其整个职业生涯过程中,一定会追求自身的专业发展。即使一些教师缺乏教育理想和追求,但目前教师专业化运动的推动,也会使他们卷入被动的专业发展过程之中。这样看来,教师专业发展与教师职业生涯是形影相随、同步前行的。由于教师的职业生涯既受制于个人因素,又受制于外部的客观条件,因此,教师的专业发展也并非按照某种专业发展的阶段模型的先后顺序逐步进行的,在教师职业生涯的进程中,教师的专业发展不断地经历着高潮和低谷,呈波浪式发展的状态。

第三,教师的专业发展提升教师职业生涯的质量。教师在其整个职业生涯中,通过持续的学习、实践、反思,使其专业道德和信念、专业技能、专业情意等不断地变化和提升,整体的教育教学能力也不断提高,成为一个良好的教育专业工作者。在教育实践过程中,教师通过实施自主的专业工作,促进学生的综合素质向良好方面发展,为社会和人类培育一代代合格甚至优秀的新生力量。不断的专业成长,能够使教师承担多元角色,胜任多重专业工作,完成社会赋予的教育和文化使命。另外,教师的专业工作还具有效率高和质量好的特征,而且其劳动所产生的巨大的社会价值,能够使教师在职业生涯中获得人生的成就感、职业的满足感和教育人生的幸福感,教师的整个职业生涯表现出鲜明的质量高、价值大的特色①。

四、身份认同——做好教师职业生涯规划的前提

教师专业技能的内涵及专业自主的内容与范围,通常是由学术界或行政官僚体系界定的,教师则是"被要求"符合一套既定的专业标准。于是在教育改革中,教师对于自己身为教师的意义、价值与行动的界定,对自己的身份认同,都是不被关心的。教师似乎只有"角色"而没有"身份"。然而,专业身份的认同是决定教师做些什么最基本的一部分,所以教师专业发展所关心的不应停留在有关"专业"的描述与规约性意义上,而应以"教师作为一个人"的观点,重视教师专业生命中的自我认同问题。教师身份认同是不断追问"我是谁"的问题,不仅追问作为集体教

---

① 王卫东.教师专业发展探新——若干理论的阐释与辨析[M].广东:暨南大学出版社,2007:132.

师的社会自我,而且在此基础上建构教师作为一个独特生命的个体自我,这样教师的生命得以彰显,教育教学的自主性得以提高。

(一)揭开身份认同的心理学面纱

从词源上来看,认同(Identity)即是指"我是谁""我之所以有别于其他人"或"之所以属于某个特定群体"的内涵;这些属性的总和可称之为"身份"。而当一个人要确认其身份,也就是要辨识自己异于他人,或同属于某个群体的特征;换言之,即是个人对内在自我寻求统合,对外区分与他人的差异。这个确认的过程可称之为"认同"。教师的专业身份认同即是教师对于自己作为专业人员身份的辨识与确认。布拉西(Blasi)曾经将认同一词抽离出一些彼此相关的要素,将认同在心理、社会、文化上的含义作了很好的解释:

①是回答"我是谁"这个问题的答案;

②这个答案包含一个人的过去及未来期望之间的统一性;

③是赋予人基本的"同一性"与"持续性"的来源;

④要回答认同的问题,须真实地评估自己的现在和过去;

⑤考量社会对一个人的期望与意识形态;

⑥质问文化、社会的有效性,以及他人觉知与期望的适切性;

⑦统合与质问的过程应该发生在某些基本范畴中,如职业、性别、宗教政治概念;

⑧在这些范畴中形成一种有可变性的,但长久的承诺;

⑨客观上,认同让一个人在社会中具有生产性的统整;

⑩主观上,会产生基本的忠实感,乃至于自尊、有目的的感觉。[①]

从以上的分析,我们可以认为,身份认同实质是一个自我建构的过程。在这个过程中,个体不断地自问"我是谁""为什么我是现在这个样子"等,在这些问题的追问中,在我们不断从和他人的关系中反思自己的特质以及外界赋予的意义,寻求自己的不同的角色、经验之间的统一性,以成为一个自我意象并能确立自己所在的位置、期望与行动。

教师的身份认同是教师个体自己对"教师职业"这个专业身份的认同。在讨论这个问题之前,我们有必要先理解一下教师的"专业角色"。

(二)教师的专业身份认同——"建构"的过程

角色是指对于某一特定职业的特定期待与规范;期待是指预期承担某一角色者可能如何表现,而规范是指他"应该"如何表现。[②] 所以,角色包含一套社会关系、规范知觉和权责体认;个体对角色的认知和接纳就是将自己置于社会关系中的

① Blasi, A. Identity and the development of the self. In D. K. Lapsley & F. C. Power (Eds), Self, ego and identity: Integrative approaches[C]. New York: Springerverlag,1988.

② 陈奎熹. 教育社会学研究[M]. 台北:师大书苑出版社,1990.

某一点,找到这个位置,感知社会对其的责任和要求,并根据这一标准规范自己的行为。教师的角色也即社会对怎样才是好的教师的期许,按照角色理论来看待教师的发展,很可能将教师视为一个心智工厂生产线上的工人,专门负责传授某些技能,其次可能视为一个公仆,是促成社会变迁或维持社会控制的人。随着教师专业发展理论的深入,逐渐大家开始将教师视为有专业自主权,可以作专业决定的专业人员,于是,教师也随之赢得了专业地位。然而,对教师的角色认定常常侧重于社会对教师进行教育教学工作的特殊专业水平的要求,对教师品德的要求,却忽视了教师个人的发展。成为一名好教师往往成为社会对教师的要求,而非教师个体自己对自己的期许。

专业角色是外界所赋予的,用以区别一个群体与其他群体之不同特征,而这些特征却可能是由局外人或教育社群所加给的。专业的刻板意象使教师承担一个既定的角色;于是,成为一位教师就意味着成为你"原本不是"的那个人①。一般而言,从教师的职业生涯开始之初,教师都在努力将自己塑造成一个被他人所认可的教师,在进行专业化的过程中,有些教师却发现,不同对象不只是期望他们"做不同的事(doing)",而且是要他们"成为不同的人(being)"②。这些为教师角色所规定的要求、准则、标准很可能和家长、社会大众所期待的,特别是教师个体对自己所期待的有差异,有些甚至是相互矛盾的。由此带来专业教师个体对从事专业的诱惑:究竟什么样的才是专业教师,我究竟怎样才能成为专业教师?

从教师专业发展的历史进程中,我们可以发现,对教师专业发展的期许越来越从外部转向内部,开始重视教师自身对自己"成为一名教师"的关注和理解。20世纪60年代的研究主要是透过大规模调查和分析教师的社会地位,以一种不精确的、集体性的统计结果,将教师视为正式的在职人员角色,毫无疑问地符合一个权力来源对角色所框定的期望。20世纪70年代的研究者则视学校教育为一个社会控制过程,同情学生,而视教师如同恶徒一般;末期则开始注意教师工作的限制,视教师为被系统所要求、愚弄的牺牲者。20世纪80年代,由后现代思潮所支持的观点认为,所有个体都有权利为自己发声,并且接受这些声音为真实的、正当的:关于教师特性的问题则开放为"教师如何看待自己的工作与生命",视教师为建构自己历史的主动者,而不是被集体界定的角色。从研究方向的转变来看,已由教师专业角色标准的客观界定,到注重教师对自我认同的建构。以"教师作为一个人(teacher as person)"为专业发展取向的观点,已从教师专业的描述和规约性的意义,转而重视教师专业生命发展的专业自我认同,并且视"发展"为过程而不是既定的标准;不再重视"专业角色"的客观界定问题,而聚焦于身份认同的探讨。因为,所谓

① Britzman, D. P.. Practice makes practice: A critical study of learning to teach[M]. Albany, NY: State University of New York Press,1991.

② Kleinman,S. Making professingals into "Personns": discrepanciesintraditional and humanistic expectations of professional indentity[J]. Socioloty of Work and Occupation, 1981,(1).

"专业教师"角色是一种存在于特定时期下论述的产物。随着不同时期，对教师职责与专业工作内涵的要求，教师专业的论述也有所改变。在教师的认同过程中，受到不同论述的影响，对专业身份的认定，其内容可能是大不相同的。而专业身份，已不是教师这个工作者所具有的特质，而是教师用来解释、建立自己意义及与他人、所处脉络之关系的凭借。①

教师作为一个人，而不是作为职业知识与技能的拥有者。作为教师，意味着什么？我希望成为什么样的教师？这些不是预先存在的事实，而是必须以人的经验、价值、信念为中介去寻求的可能性。于是，"我"对于教师自己解释其工作本质的方式，是一个重要因素。要准确了解教师专业行为，有效地开展教师职业生涯规划，须首先分析教师如何看待自己作为教师的身份。教师获得、维持、发展其认同与自我感觉的方式，对于了解教师工作上的行动与职业是很重要的基础。也就是说，教师身份的认同并非先验的或社会预先设定的，是自己根据自己的性格、兴趣以及所从事教师职业过程中和环境的互动过程中"建构"的。当然，此一观点并非认为教师可以随心所欲，不理会属于"教师"的职业身份。教师工作有其特定的社会关系（如与学生、家长）与工作属性（如教学），所以教师对于专业身份的思考仍是"作为专业教师"为内涵；只不过这个内涵并非固定、强加的角色任务。

教育的过程是"人"与"人"的互动，所以教师与学生之间的关系是不同生活经验、期望、意义、价值的相接而不是一个知识载体对着不同容器的传输过程，除非教师确定自己是一个什么样的人，也据此确认自己作为一位专业教师的期望与行动，否则又如何将学生视为一个个有生命、有期望的人来对待？专业发展不应将教师视为一个"角色"，应该将教师视为一个"人"，鼓励教师参与关于"专业"的论述和自身的探索，在生活的经验与故事中反思自己作为教师的意义与行动，建构个人的专业身份认同。

唯有认同自己作为一位专业教师的身份，教师才真正清楚自己的专业成长方向，不因变动频繁的改革方案而无所适从，也不致追逐华丽的流行说词而随波逐流。这样的教师才真正拥有来自专业判断的自主权，才能真正"扩权增能"。

① 周淑卿. 课程发展与教师专业[M]. 北京：九州出版社，2006.

第二章 职业生涯规划的理论基础

从某种意义上讲,职业生涯规划是一个冒险的过程,需要付出一定的机会成本,即一个人选择了这种职业发展模式,就失去了另一种发展的机会。因此,职业生涯规划不是想怎么规划就怎么规划,需要遵循一定的理论基础。

本章将为读者详细介绍一般意义上的职业生涯发展理论,然后侧重介绍教师职业生涯发展阶段理论,最后得出作者对教师职业生涯发展阶段的基本观点。

第一节 职业生涯发展的一般理论

一、生涯发展理论

(一)金斯伯格的生涯发展理论

美国著名的职业指导专家、职业生涯发展理论的先驱和典型代表人物金斯伯格(Eli Ginzberg)认为职业在个人生活中是一个连续的、长期的发展过程。他通过对个体的童年到青少年阶段职业心理发展过程的研究,将个体职业心理的发展划分为幻想期、尝试期和现实期三个阶段,后两个阶段又进一步划分了子阶段。各个阶段的职业心理特点如表2-1—表2-3所示[①]。

空想期,一般在11岁以前。这一时期的个体希望快点长大成人,对职业选择的愿望既不考虑现实又不受环境的制约,他们憧憬引人注目、令人激动的理想化职业,此时的职业选择感情色彩很浓,带有很大的冲动性和盲目性,十分不稳定。

尝试期,一般在11—17岁。这一时期的个体对未来职业的认知又分为四个阶段:一是兴趣阶段(11—12岁),开始注意并培养自己对某些职业的兴趣;二是能力阶段(13—14岁),开始将所感兴趣的工作与自身能力作比较,也开始关注外在的因素,如职业、薪水、教育背景的差异等;三是价值观阶段(15—16岁),开始注意选择职业所需要考虑的因素范围,开始用自己的价值观和目标来衡量和选择自己的

---

① 黄俊毅,沈华玉,胡潇文.大学生职业生涯规划[M].北京:清华大学出版社,2010.

职业;四是综合阶段(17岁),开始从兴趣、能力、价值等主观因素来了解和判定自己未来的职业发展方向。

现实期,一般在17岁以后。这一时期又可分为三个时期:一是试探阶段,个体会通过各种试探活动如调查、访谈、咨询等来试探各种职业机会和可能的选择,为将来的职业作准备;二是具体化阶段,个体根据试探期的经历,并结合自己的实际情况,开始制订具体的、明确的职业目标;三是专业化阶段,即个体根据自我选择的职业目标,开始为具体的就业作准备,包括选择专业院校进行专业学习或选择专门的工作单位。

表2-1　金斯伯格职业生涯三阶段理论

阶　　段	幻想期(11岁以前)	尝试期(11—17岁)	现实期(17岁以后)
主要职业心理特点	对外面的信息充满好奇和幻想,在游戏中扮演自己喜爱的角色。此时的职业心理特点是:单纯由自己的兴趣爱好决定,并不考虑自身的条件、能力和水平,也不考虑社会需求和机遇。	由少年向青年过渡,心理和生理均在迅速成长变化,独立的意识和价值观形成,知识和能力显著提升,初步习得社会生产与活动的经验。开始注意自己的职业兴趣、自身能力和条件、职业的社会地位。	能够客观地把自己的职业愿望或要求,同自己的主观条件、能力以及社会需求密切联系和协调起来,已有具体的、现实的职业目标。

表2-2　金斯伯格职业生涯三阶段理论

主阶段名称	子阶段名称			
	兴趣阶段(11—12岁)	能力阶段(13—14岁)	价值观阶段(15—16岁)	综合阶段(17岁以后)
尝试期	开始注意并培养对某些职业的兴趣。	开始以个人能力为核心,衡量并测验自己的能力,同时将其表现在各种相关的职业活动上。	逐渐了解自己的职业价值观,并能兼顾个人与社会的需要,以职业的价值性选择职业。	将上述三个阶段的职业相关资料综合考虑,以此来了解和判定未来的职业发展方向。

表 2-3　金斯伯格职业生涯三阶段理论

主阶段名称	子阶段名称		
	试探阶段	具体化阶段	专业化阶段
现实期	根据尝试期的结果,进行各种试探活动,如调查、访谈、考察、查询、咨询等,试探各种职业机会和可能的选择,为选择职业作准备。	根据试探阶段的经历,结合自身情况进行比较分析,作进一步的选择,使自己的职业选择方向更加具体化和明确化。	依据自我选择的目标,作具体的就业准备,包括选择专业院校学习和选择工作单位。

与多数人关心"职业选择"的理论者不同,金斯伯格将关注点放在了个人职业生涯的发展问题上,并对相关的理论作出了突出贡献。职业生涯发展理论的提出,打破了历来将职业选择看作是个人生活在特定时期出现的单一事件的观点,明确指出人的职业选择是一个不断发展的过程,并根据人的心理发展特点归纳出人的职业心理发展阶段。所以,在实际的应用中,职业生涯规划要研究人的职业心理发展阶段,根据人的职业发展成熟程度,通过日常有意识的教育工作来进行。

金斯伯格的职业生涯发展理论,展示了从幼年到青年期个体职业心理发展的生动图景,为生涯教育思想提供了许多理论依据。但是,也有人对其理论提出了批评:一方面,这只是一个描述性的理论,实际指导意义不够,如对促使职业发展的过程提供的指导较少,对于职业咨询的实际帮助作用不大;另一方面,研究被试大部分都是白人男性。所以,其结果能否推广应用到其他人群还有待商榷。

（二）舒伯的生涯发展理论

舒伯(Donald E. Super)是美国一位具有代表性的职业管理学家,他将全面的学术性带进了职业行为与职业发展的领域。他提出了以发展自我概念为中心的生涯常模理论,即个人通过职业选择来寻求自我概念的实现。自我概念是舒伯理论中的核心概念,是指个人对自己的能力、价值观及人格特征等方面的认识和主观评价。当你选定一个职业时,实际上是在说:"我是这样或那样的人。"

舒伯将人格概念与职业概念紧紧联系起来,形成了他的生涯发展理论。他认为生涯发展是一个连续不断、循序渐进、不可逆转的动态过程,是一个有次序、具有固定形态的可预测的过程。他认为人各有不同的能力、兴趣和个性,因此人都有适应从事某种职业的特性。他以美国白人为研究对象,依据年龄、身心特点等差异,将人的职业生涯划分为五个阶段:成长阶段、探索阶段、确立阶段、维持阶段和衰退阶段,前三个阶段又各自划分了子阶段。各个阶段的不同特点见表 2-4 和表 2-5。

表 2-4　舒伯职业生涯五阶段理论

阶　段	成长阶段 (0—14 岁)	探索阶段 (15—24 岁)	确立阶段 (25—44 岁)	维持阶段 (45—64 岁)	衰退阶段 (65 岁以上)
主要特点	认同并建立起自我概念,对职业的好奇占主导地位,并逐步有意识地培养职业能力。	主要通过学校学习进行自我考查、角色鉴定和职业探索,完成择业及初步就业。	获取一个合适的工作领域,并谋求发展。这一阶段是大多数人职业生涯周期中的核心部分。	开发新的技能,维护已获得的成就和社会地位,维持家庭和工作两者之间的和谐关系,寻找接替人选。	逐步退出职业和结束职业,开发更广泛的社会角色,减少权力和责任,适应退休后的生活。

表 2-5　舒伯职业生涯五阶段理论中的前三个阶段的子阶段

主阶段名称	子阶段名称		
成长阶段	幻想期(10 岁之前)	兴趣期(11—12 岁)	能力期(13—14 岁)
	在幻想中扮演自己喜欢的角色。	以兴趣为中心,理解、评价职业,开始作职业选择。	更多地考虑自己的能力和工作需要。
探索阶段	试验期(15—17 岁)	转变期(18—21 岁)	尝试期(22—24 岁)
	综合认识和考虑自己的兴趣、能力,对未来职业进行尝试性选择。	正式进入职业,或者进行专门的职业培训,明确某种职业倾向。	选定工作领域,开始从事某种职业,对职业发展目标的可行性进行实验。
确立阶段	稳定期(25—30 岁)	发展期(31—44 岁)	中期危机阶段 (44—退休前)
	个人在所选的职业中安顿下来,重点是寻求职业及生活上的稳定。	致力于实现职业目标,是富有创造性的时期。	职业中期可能会发现自己偏离职业目标或发现了新的目标,此时需要重新评价自己的需求,处于转折期。

　　根据职业生涯发展阶段的划分,舒伯为职业行为和职业态度提供了一个框架,即职业发展任务。发展任务是个体在生活中的某点上需要面对的新的成就或责任。每个阶段的职业发展任务都是不同的,舒伯根据不同职业阶段的特点,提出了相应的职业发展任务,并总结了每个阶段适合职业发展任务的态度和行为。

　　具体来讲,在青春前期阶段,个体的职业发展任务主要是确定职业偏好,形成对适合自己的职业的看法。同时个体应认识到确定偏好的必要,动用个人资源,注意环境因素,根据价值观识别自己的兴趣,意识到现在与未来的关系,形成大致的偏好,获取关于所喜好职业的信息并为之作计划。

在青春中期阶段,个体的职业发展任务主要是细化职业偏好,从职业方向中选定特定职业。此时个体的态度和行为与确定偏好期类似,但都与细化偏好有关。

在青春晚期阶段,个体的职业发展任务主要是实现职业偏好,结束教育开始工作。此时个体应认识到实现偏好的需求,并计划执行自己的想法,完成相关的教育并获取初始工作。

在青年期阶段,个体的职业发展任务主要是在职业中保持稳定发展,进入合适的工作领域。此时个体应意识到稳步发展的需要,为之计划,逐渐称职于稳定工作(或接受不稳定的现实),并获得稳定的工作(或适应不稳定状态)。

在中年期阶段,个体的职业发展任务主要是巩固自己的职业位置并前进。此时个体应意识到巩固与发展的需求,获取如何能巩固前进的信息,为之作计划并实现这些计划。

1976—1979 年间,舒伯在英国进行了为期四年的跨文化研究,之后他提出了一个更为广阔的新观念,即生活广度、生活空间的生涯发展观。除了原有的发展阶段理论之外,他还加入了角色理论,将生涯发展阶段与角色间的交互影响描绘成一个多重角色的生涯发展。也就是说,当一个人沿着职业生涯发展阶段前进时,他还在生活中扮演其他不同的角色,如子女、学生、配偶或伴侣等。据此,舒伯描绘了一个多重角色职业生涯发展的综合图形——职业生涯彩虹图,如图 2-1 所示。

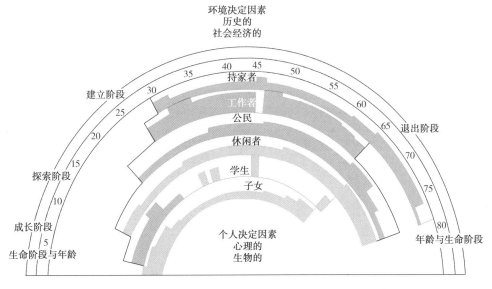

图 2-1 职业生涯彩虹图

在职业生涯彩虹图中,最外的层面代表着一生的生活广度,又称为大周期,包括成长期、探索期、建立期、维持期和衰退期。里面的各层面代表纵观上下的生活空间,由一组角色和职业组成,包括子女、学生、休闲者、公民、工作者、持家者等主要角色。同时,各种角色之间又是相互作用的。

舒伯职业生涯彩虹图表明了个体一生中的角色是不断变化的。各种生活角色的结合和强度是个人生涯的基础。个人在不同时期对不同角色的投入和重视程度,则以每一道彩虹深浅不一的颜色表现。从图中我们可以看出,成长阶段最显著的角色是子女;探索阶段是学生;建立阶段是工作者和持家者;维持阶段工作者角色突然中断,又恢复了学生角色,同时公民与休闲者的角色逐渐增加;衰退阶段工作者角色则完全退出,休闲者和持家者的角色最突出。生涯彩虹图直观地在同一张图上展现了个人生命的长度(发展阶段)、宽度(角色)和深度(个人对角色的投入程度),展现了生命的意义所在。

二、霍兰德人职匹配理论

约翰·霍兰德是美国约翰·霍普金斯大学心理学教授,美国著名的职业指导专家。他于1959年提出了具有广泛社会影响的职业兴趣理论,认为人的人格类型、兴趣与职业密切相关,兴趣是人们活动的巨大动力,凡是具有职业兴趣的职业,都可以提高人们的积极性,促使人们积极地、愉快地从事该职业,且职业兴趣与人格之间存在很高的相关性。

兴趣测验的研究可以追溯到20世纪初,桑代克于1912年对兴趣和能力的关系进行了探讨。1915年詹穆士发展了一个关于兴趣的问卷,标志着兴趣测验的系统研究的开始。1927年,斯特朗编制了斯特朗职业兴趣调查表,是最早的职业兴趣测验。库德又在1939年发表了库德爱好调查表。

1953年约翰·霍兰德编制了职业偏好量表,并在此基础上发展了自我指导探索(1969),据此提出了"人格特质与工作环境相匹配"的理论(1970)。不难看出,在霍兰德职业兴趣理论提出之前,关于职业兴趣测试和个体分析是孤立的,霍兰德将二者有机结合起来。

此后,霍兰德理论不断丰富和发展。1991年,加蒂(Gati)针对霍兰德的正六边形模型中有关相邻职业群距离相等这一假设的局限性,提出了三层次模型。两年后,Prediger 在霍兰德六边形模型的基础上加上人和物维度、数据和观念维度,使职业的类型和性质有机地结合起来。美国大学考试中心在 Prediger 兴趣的两维基础上,将职业群体的具体位置标定在坐标图上,由此得到工作世界图。

经过多年的发展,职业兴趣测验已在教育、培训、企业管理等领域有了越来越多的应用。企业招聘时,通过对应聘者职业兴趣的测试判定其属于哪种类型,由此决定录用职位。在企业的日常管理中,如果出现员工和职位不匹配的情况,可测试出员工的职业兴趣,再安排与其职业兴趣相匹配的岗位。霍兰德的职业兴趣理论对于个人升学就业具有重要的指导作用,已成为众多职业咨询机构的重要工具。另外,霍兰德于1982年编撰完成的《霍兰德职业兴趣代码字典》对美国职业大典中的每一种职业都给出了职业兴趣代码,职业兴趣量表可直接应用于职业辅导和咨询。

霍兰德在对职业性向测试的研究中,一共发现了六种基本的职业性向。

1. 实际性向

具有这种性向的人其职业兴趣属于实用型(realistic type,R)。这种人喜欢和事物打交道(工具、机械、设备),用手、工具、机器制造或修理东西。愿意从事实物性的工作,喜欢户外活动或操作。但是这种类型的人往往缺乏社交能力。这类职业包括制造业、渔业、野外生活管理业、技术贸易、机械业、农业、技术、林业、特种工程师和军事工作等。

2. 调研性向

具有这种性向的人其职业兴趣属于研究型(investigative type,I)。这种人喜欢智力的、抽象的、推理的、独立定向的工作,他们会被吸引去从事那些包含较多认知活动(思考、组织、理解等)的职业,而不是那些以感知活动(感觉、反应或人际沟通以及情感等)为主要内容的职业。这类人格往往缺乏领导能力。这类职业家一般有生物学家、化学家、大学教授、实验室工作人员、社会学家和物理学家等。

3. 艺术性向

具有这种职业性向的人其职业兴趣属于艺术型(artistic type,A)。这种人一般喜欢从事那些包含着大量自我表现、艺术创造、情感表达以及个性化活动的职业。这种职业主要有戏剧导演、作曲家、广告制作者以及音乐家等。

4. 社会性向

具有这种性向的人其职业兴趣属于社会型(social type,S)。这种人喜欢从事那些包含着大量人际交往内容的职业,而不是那些包含着大量智力活动或体力活动的职业,喜欢帮助别人,喜欢与人合作。这类职业主要有教师、心理咨询医生、外交工作者以及社会工作者等。

5. 企业性向

具有这种职业性向的人其职业兴趣属于企业型(enterprising type,E)。这种人喜欢冒险活动,喜欢领导和支配别人,或善于为了达到个人或组织的目的而去说服别人,喜欢从事那些包含着大量以影响他人为目的的语言活动的职业。这类职业主要有商业管理、律师、政治运动领袖、营销人员、管理人员以及公共关系管理者等。

6. 常规性向

具有这种职业性向的人其职业兴趣属于事务型(conventional type,C)。这种人常会被吸引去从事那些包含大量结构性的且规则较为固定的活动的职业,在活动或工作中,希望确切地知道工作的要求和标准,具有良好的控制能力,相当保守,一般按常规办事,往往要服从于组织的需要。这类职业主要有办公室工作人员、会计、银行出纳、簿记、行政助理、秘书和档案文书等。

霍兰德根据劳动者的心理素质和择业倾向,将劳动者划分为六种类型,同时将社会职业也划分为六种类型:实用型、研究型、艺术型、社会型、企业型、事务型。霍兰德的六种人格类型及相应的职业如表2-6所示。

表2-6 人格类型与职业类型的关系

类　型	人格类型特点	职业类型
实用型（R）	物质的；实际的；安定的；喜欢具有基本技能、有规则的具体劳动。 缺乏洞察力、不善与人交往。	有一定程序要求的、明确的、具体的岗位职务，运用手工工具或机械进行的操作性强的技术性工作。
研究型（I）	分析的；独立的；内省的；慎重的；喜好运用智力通过分析、概括、推理的定向的科学研究与技术工作。 缺乏领导能力。	以观察和科学分析进行的系统的创造性活动和实验工作，一般侧重于自然科学方面。
艺术型（A）	想象力丰富；知觉的；冲动的；理想的；有独创力的；喜欢以表现技巧来抒发丰富的感情。 缺乏事务性办事能力，不愿依赖、服从他人。不愿做循规蹈矩的工作。	在文学与艺术方面，通过非系统化的自由的活动方式，擅长具有艺术表现力的职业。
社会型（S）	助人的、易于合作；喜欢交往；责任感强；有说服力；愿为别人服务，关心社会问题，对教育和社会福利等事业有兴趣。 缺乏动手操作能力。	为社会及他人办事或服务，从事与人打交道的、说服、教育、治疗及社会福利事业方面的职业。
企业型（E）	支配的；冒险的；自信的；精力旺盛的；有自我表现欲的；不易被人支配，喜欢管理和控制他人，喜欢担任领导角色。 缺乏科学研究能力。	从事具有风险、需要胆略、承担责任较大的工作，善于管理、营销、投资与主持指派他人去做工作的职业。
事务型（C）	有耐心和良好的自制力；服从的；实际的；稳定而有秩序的；思想比较保守、循规蹈矩、有条有理，喜欢系统性强的工作。 缺乏创造力和艺术性。	按固定程序与规则，从事重复性、习惯性的、具体的日常事务，适宜常规管理方面的工作。

　　然而上述的人格类型与职业关系也并非绝对的一一对应。霍兰德在研究中发现，尽管大多数人的人格类型可以主要地划分为某一类型，但个人又有着广泛的适应能力，其人格类型在某种程度上相近于另外两种人格类型，则也能适应另两种职业类型的工作。也就是说，某些类型之间存在着较多的相关性，同时每一类型又有极为相斥的职业环境类型。霍兰德用一个六边形简明地描述了六种类型之间的关系。（图2-2）

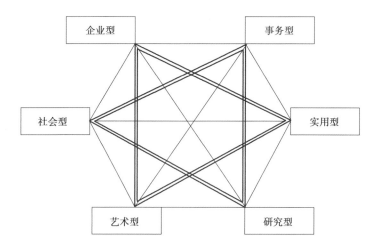

图 2-2　霍兰德的六角形模型

　　图中的六个角分别代表六种职业类型和六种职业性向类型。六种类型的劳动者与六种类型的职业相关联,在图形上以连续表示。六种类型之间按照彼此间相似程度定位,相邻的维度在各种特征上最相近,连续距离越短,相关程度越高,这种类型的人与职业的相关系数就越大,适应程度就越高。每种类型与其他五种类型存在三种关系:相近(在图中用单实线表示)、中性(在图中用双实线表示)和相斥(在图中用虚线表示),形成人职关系的三种协调关系。

　　(1)人职协调。根据六边形模型来理解,最为理想的职业选择就是个体能找到与其个性类型重合的职业类型,即人职协调。这时,个人最可能充分发挥自己的才能并具有较高的工作满意感。

　　(2)人职次协调。如果个人不能获得与其个性相重合的职业,则寻找与其个性类型相近的职业。由于两种类型之间有较高的相关系数,个人经过努力和调整也能适应职业环境,达到人职次协调。

　　(3)人职不协调。最差的职业选择是个人在与其个性类型相斥的职业环境中工作。在这种情况下,个人很难适应工作,也不能感到工作的乐趣,甚至无法胜任工作,是人职不协调的匹配方式。

　　总之,霍兰德模型中的六种职业性向并非完全独立,在一些性向之间存在重要的相关性。一般来说,相关程度较高的是六角形中相邻的两个方面,那些极不相关的方面则位于六角形中较远的位置。个性类型与职业类型的相关程度越高,个人的职业适应性越好;反之,则越差。

　　根据霍兰德的人格类型理论,在职业决策中最理想的是个体能够找到与其人格类型重合的职业环境。一个人在与其人格类型相一致的环境中工作,容易得到乐趣和内在满足,最有可能充分发挥自己的才能。因此,在职业选拔与职业指导中,首先就要通过一定的测评手段与方法来确定个体的人格类型,然后寻找到与之相匹配的职业种类。为了确定个体的人格类型,就需要大量运用人才测评的手段与方法,霍兰德本人也编制了一套职业适应性测验(The Self-Directed Search,简称SDS)来配合其理论的应用。

霍兰德及其同事做了一项非常庞大的研究来鉴别以上六种类型的不同组合,他们将每个人突出的三种类型的组合称之为霍兰德代码。1996 年,他出版了美国版本的《霍兰德职业代码字典》,该书为 12 000 多种职业提供了代码。比如,教师这一职业的代码是 SAI(最主要的类型是社会型,其次是艺术型和研究型)。根据自己在兴趣测评中得出的霍兰德代码,咨询者就可以对照找出《霍兰德职业代码字典》中可能适合于自己的职业。

但是需要注意的是,在实际咨询过程中,职业生涯规划辅导人员不应过于强调测评所得出的结果或与之匹配的具体职业。测评的结果只能用作参考,辅导人员不应给咨询者贴上标签或者限定咨询者未来发展的方向,而应引导咨询者将注意力放在由此引发的对自我生涯发展情况及工作世界的深入探索上,以帮助其对未来发展作出审慎的规划。

霍兰德的人职匹配理论富有创造性,结构较完整、清晰易懂。注重个人特质与未来工作世界的配合,被指导者得到一组测验结果后,可借助一些较明确的方向继续进行职业或生涯探索,因而有利于引导个体走向一个主动积极的动态探索过程。现在这一理论被广泛应用于心理测试工具的编制与应用,具有一定的实用价值,并激发了众多对其理论的研究工具与报告的产生,如对兴趣与工作满意度、工作稳定性等方面的研究。

但是,其理论试图通过人格类型与职业环境类型的匹配来说明个人的职业选择和职业适应,但这一假设尚缺乏足够的实证研究的支持。另外,从发展的观点来看,个人人格是不断变化发展的,人并非环境的被动适应者,也具有自己的积极能动性一面。所以,霍兰德将职业兴趣作为个人稳定的人格特质来看待,忽略了个人成长发展和学习经验的重要性。即个人人格特征并非就是职业选择的决定性因素,如更广泛的社会背景和发展因素也是我们不可忽视的因素。

三、特质因素理论

帕森斯的特质因素理论又称帕森斯的人职匹配理论,特质因素论是最早的职业辅导理论,1909 年美国波士顿大学教授弗兰克·帕森斯(Frank Parsons)在其《选择一个职业》的著作中提出了人与职业相匹配是职业选择的焦点的观点,他认为,个人都有自己独特的人格模式,每种人格模式的个人都有其相适应的职业类型。所谓"特质",就是指个人的人格特征,包括能力倾向、兴趣、价值观和人格等,这些都可以通过心理测量工具来加以评量。所谓"因素",则是指在工作上要取得成功所必须具备的条件或资格,这可以通过对工作的分析而了解。

特质因素理论的内涵就是指在清楚认识、了解个人的主观条件和社会职业岗位需求条件的基础上,将主客观条件与社会职业岗位相对照和匹配,最后选择一个与个人匹配相当的职业。可以说,特质因素理论进行职业指导是以对人的特性的测评为基本前提。它提出了在职业决策中进行人职匹配的思想,奠定了人才测评理论的理论基础,至今仍然在职业管理学和职业心理学领域起着重要的影响。

帕森斯提出的职业选择三要素模式得到了广大学者的认同与推广,并得到了不断地发展和完善,在实践中逐步形成职业指导过程的三个步骤。

第一步是评价求职者的生理和心理特点(特性)。通过心理测量及其他测评手段,获得有关求职者的身体状况、能力倾向、兴趣爱好、气质与性格等方面的个人资料,并通过会谈、调查等方法获得有关求职者的家庭背景、学业成绩、工作经历等情况,并对这些资料进行评价。

第二步是分析各种职业对人的要求(因素),并向求职者提供有关的职业信息。主要包括四个方面:一是职业的性质、工资待遇、工作条件以及晋升的可能性;二是求职的最低条件,诸如学历要求、所需的专业训练、身体要求、年龄、各种能力以及其他心理特点的要求;三是为准备就业而设置的教育课程计划,以及提供这种训练的教育机构、学习年限、入学资格和费用等;四是就业机会。

第三步是人职匹配。指导人员在了解求职者的特性和职业的各项指标的基础上,帮助求职者进行比较分析,以便选择一种适合其个人特点又有可能得到并能在职业上取得成功的职业。其中人职匹配又分为两种类型:一是因素匹配(活找人)。例如,需要有专门技术和专业知识的职业与掌握该种技能和专业知识的择业者相匹配;或脏、累、苦劳动条件很差的职业,需要有吃苦耐劳、体格健壮的劳动者与之匹配。二是特性匹配(人找活)。例如,具有敏感、易动感情、不守常规、个性强、理想主义等人格特性的人,宜于从事审美性、自我情感表达的艺术创作类型的职业。

威廉姆斯(1939)还认为,职业指导咨询主要有以下三种方法:一是建议,辅导人员直接告诉个体怎样选择合适职业以及对这个选择要采取的计划与行动;二是说服,辅导人员向个体提供各项心理测验的结果,让个体根据辅导人员的诊断和预测作出自己应作出的抉择;三是解释,辅导人员向个体说明各项资料的意义,对每一项选择作出系统化分析、探讨,并依据各自心理测试所显示的结果推测成功的可能性[1]。

特质因素理论强调个人所具有的特性与职业所需要的素质与技能(因素)之间的协调和匹配。为了对个体的特性进行深入详细的了解与掌握,特质因素理论十分重视人才测评的作用,可以说,因素论进行职业指导是以对人的特性的测评为基本前提。它首先提出了在职业决策中进行人—职匹配的思想。故这一理论奠定了人才测评理论的理论基础,推动了人才测评在职业选拔与指导中的运用和发展。

但是,特质因素理论将个人与工作进行匹配,其前提是个人的特质和工作的性质是固定不变的。而事实上,这两者都是在变化之中的,所以从发展的观点看,该

---

① 李晓波,李洪波.大学生职业生涯规划与发展[M].北京:化学工业出版社,2010:37.

理论存在一定的缺陷。其次,该理论注重心理测试工具的使用,但是心理测试工具本身存在着一定的信度与效度的问题,所以也遭到了一些质疑的声音。此外,该理论强调理性的匹配,但是忽略了情感在决策中的影响作用。

第二节　教师职业生涯发展阶段

　　教师从具备教师身份到退休大约有几十年的时间。在这漫长的教师职业生涯中,也会表现出职业发展的阶段性特点。与其他职业生涯一样,教师的职业生涯发展也遵循一定的规律,在不同的阶段具有不同的发展任务,这与教师进入职场的时间、自身的年龄、人生发展阶段、职业阶段等有着密切的关系。

　　关于教师职业生涯规划的概念,最早由美国麻省理工学院的施恩教授提出,而后,研究者们开始关注教师职业过程的不同发展阶段。如 1969 年,福勒(Frances Fuller)提出了教师职业过程包括教学前关注、早期生存关注、关注教学情境和关注学生四个阶段;20 世纪 70 年代,Unruh 和 Turner 提出教师职业发展阶段包括出事教学期、建构安全期和成熟期的观念。1973 年,Gregore 通过观察伊利诺伊州部分中学教师的职业发展,提出教师的职业发展阶段包括形成期、成长期、成熟期和专业全能期。到 20 世纪 80 年代,Kevin Ryan 等在俄亥俄州立大学进行的一些列教师职业生涯发展的质性研究基础上,提出了教师职业生涯周期理论,具体的教师职业发展阶段包括职前期、职初期、能力建构期、热情与成长期、职业挫折期、稳定与停滞期、职业消退期和离岗期。20 世纪 90 年代,关于教师职业生涯发展的研究以美国亚利桑那州立大学心理学教授 Berliner 和 Sternberg 的研究为代表。Berliner 认为,教师的职业发展是从没有教学经验的新手型教师成为经验丰富的专家型教师的过程。他从教师教学及学习技能发展的角度,提出专家型教师的一般发展阶段:新手——获得教学知识和技能阶段;进步的新手——教学经验丰富了,但对重要的教学环节仍不明确;胜任——能自由处理事件,但教学行为不能达到迅速、流畅和灵活;能手——积累了大量丰富的经验,但决策时仍带有随意性;专家——教学行为可以达到迅速、流畅和灵活。Sternberg 通过对新手型和专家型教师的比较,发现新手型教师和专家型教师在知识、效率和洞察力三个方面存在差异:专家型教师的知识整合更加完整,有更多的教学法知识和教学背景知识;专家型教师解决问题的效率高,比新手型教师更能创造性地解决问题;专家型教师具有独创的洞察力与问题解决方法,能够对问题的性质进行深入透视。这些研究使教师的职业发展有了规律可循,对教师职业生涯发展规划的指导提供了科学的依据。在这里主要选择几个比较典型的理论为大家作简要的介绍。

一、福勒的关注阶段论

福勒是教师职业生命周期理论研究的先驱者。许多关于这个领域的研究都根植于福勒的著作。早在 1969 年,她进行了广泛的访谈和文献研究,形成了《教师关注问卷》(*Teacher Concerns Questionnaire*)。通过这份问卷的研究,她认为师范生在成为教师的过程中,所关注的事物是依据一定的次序更迭的,并呈现如下的发展阶段:

(1)教学前关注(Preteaching concerns):此阶段是职前培养时期。师范生此时还沉浸在学生角色中,因为未曾经历教学,对教师角色仅处于想象,所以没有教学经验,因此只关注自己。对他们的班级教师还经常持批判的,甚至是敌视的态度。

(2)早期生存关注(Early—concerns about survival):此阶段是初次接触实际教学的实习阶段。他们所关注的是自己的教学、班级控制、教学内容的熟练程度以及上级的视察评价等生存问题。因此在此阶段,教师们都表现出明显的焦虑与紧张,感觉压力相当大。

(3)教学情境关注(Teaching situations concerns):在此阶段,既包括生存关注,同时也会关注教学上的种种需要或限制以及挫折。教师较多关注的是自己的教学表现,而不是学生的学习。

(4)关注学生(Concerns about students):虽然许多教师在实习教育阶段就能表现出对学生的关注,但是他们通常要在学会应付自己的生存需要后才能对学生的需要作出反应。在这个阶段教师开始关注学生的学习、社会和情感需要以及如何通过教学更好地影响他们的成绩和表现。

福勒的研究使人们认识到个人成为教师须经由一定的发展阶段逐渐递进,但显然没有囊括教师发展的方方面面,而只是从教师所关注的事物在教师不同发展阶段的更迭这一个侧面来探讨教师的发展。教师专业发展的许多问题还有待进一步研究。但这一套教师关注阶段论的提出,为教师发展理论的研究开辟了先河,许多学者纷纷涉入该领域进行研究。在以后众多的教师职业生命周期理论中,皮特森等人的三段论、费斯勒的教师职业周期动态模式、休伯曼等人提出的教师职业周期分七个时期的理论受到了较多的关注和认同。

二、伯顿的教师发展阶段论

在 20 世纪 70 年代末 80 年代初,美国学者伯顿(Burden,1979)、纽曼(Newman)、皮特森(Peterson)以及弗劳拉(Flora)在俄亥俄州立大学进行了一系列教师职业生涯发展的质的研究。以对教师的职业生涯进行静态分析的思路,将教师职业生涯分为三个阶段:

(1)求生存阶段(Survival stage):指从事教学的第一年。

此时教师所关心的是班级经营、学科教学、教学技能的提高、教学内容的了解,做好课程与单元计划及组织好教学材料,做好教学工作。此外,此阶段的教师已开始注意了解学生并与之相处。但是,此时的教师仍缺乏信心,不愿意尝试新的方法。

(2)调整阶段(Adjustment stage):指从教的第二、三、四年。

教师对教学有了进一步的了解,也更轻松了。他们开始了解学生的复杂性并寻找新的教学技术以满足更广泛的需要。教师和学生的相处变得更加的开放和真诚,并感觉自己比以前更能满足学生的需求。

(3)成熟阶段(Mature stage):指从教五年和五年以上的教师。

教师在教学活动中感到舒适,并能理解教学环境。他们有了安全感,能处理教学中发生的任何事情,不断尝试新的技能,关注学生需要的满足,重视与学生的关系。

伯顿的教师发展阶段论以其对数据的处理、综合作为研究的基础,而使其研究成果更加引人注目。但他的观点仍然将所有成熟期的教师归为一类,没有对成熟期教师作进一步的区分研究。

三、费斯勒的教师生涯循环论

美国的费斯勒和克里斯森则从对教师的成长、组织环境、激励措施、个性化专业发展等方面进行诊断性思考和实证性研究的基础上,提出了动态的教师职业生涯周期模型,并在模型的基础上将教师职业生涯分为了八个阶段:

(1)职前期(Pre-service):教师角色的准备期,即教师的培养期,也包括教师接受新角色或工作时的再培训期。

(2)职初期(Induction):这是教师任教前几年,努力学习教学工作的日常工作,努力寻求学生、同事和领导的认可。

(3)能力建构期(Competency building):在此阶段的教师积极寻找新的资料、方法和策略。都渴望建立一套属于自己的教学体系,经常接受与吸收新的观念,学习欲望强。

(4)热心与成长期(Enthusiastic and growing):教师在此阶段,已经具有较高水平的教学能力。热爱工作,不断寻求进步,不断创新、改进、丰富自己的教学,有较高的职业满意度。可以说,热心成长与高度的工作满足感是这一阶段的要素。

(5)职业挫折期(Career frustration):此阶段通常在职业生涯中期,教师工作上遭遇挫折,工作满足程度逐渐下降,开始怀疑自己选择教师这份工作是否正确。许多相关文章中所探讨的"倦怠(burn out)"大多数都会出现在本阶段中。

(6)职业稳定期(Stable and stagnant):这一阶段的教师存在着"做一天和尚,撞一天钟"的心态,只做份内的工作,不会主动追求教学专业上的卓越与成长,不求有功,但求无过,可以说是缺乏进取心、敷衍塞责的阶段。

(7)职业消退期(Career wind down):这是准备离开教育岗位的低潮时期。在此阶段,有些教师感到愉悦自由,因为他们曾有过辉煌的教学成绩并在心中留下美好回忆;对另一部分教师来说,则会以一种苦涩的心情离开教育岗位,因为他们是被迫离职或迫不及待地想离开工作岗位。

(8)职业离岗期(Career exit):这是教师离开教职岗位的时期。

费斯勒的教师生涯循环论,特别是其对教师发展的阶段描述,提供了一个较为完整的纵贯教师生涯的理论架构,具有重要的理论参考价值。

四、休伯曼的教师职业生命周期论

休伯曼(Huberman,M.,1993)等人通过对教师职业生涯周期的研究,把教师职业生涯过程归纳为以下5个时期。

(1)人职期(Careeentry):是教师教学的第1—3年,可将这一时期概括为“求生和发现期”。其中,“求生”和“现实的冲击”相联系,课堂环境的复杂性和不稳定性、连续的失误使得对自己能否胜任教学而感到怀疑;同时又由于有了自己的班级、学生,又表现出积极、热情的一面。

(2)稳定期(Stabilization phase):时间大概在工作后的第4—6年。此阶段教师初步掌握了教学法,由关注自己转向关注教学活动,不断改进教学基本技能,形成了自己的教学风格,表现出自信、愉悦和幽默。

(3)实验和重估期(Experimentation and reassessment):大约在工作后第7—25年。随着教育知识的积累和巩固,教师们开始不满于现状,并重新审视自己所从事的职业。他们试图进行教改实验,不断对自我和职业进行挑战。但也有一部分因年复一年单调、乏味的课堂生活或者连续不断的改革后令人失望的结果而引发危机,重新估价和怀疑自己。

(4)平静和保守期(Serenity and conservatism):时间在教学的第26—33年。长期的教育工作使之成为资深教师,许多教师在经过怀疑和危机后开始平静下来,他们所拥有的教育经验和技巧使之对教师工作充满自信,同时也失去专业发展的热情和精力,志向水平开始下降,对专业的投入也减少。教师变得较为保守。

(5)退休期(Disengagement):时间为在工作后的第34—40年。即教师职业生涯的逐步终结阶段。

休伯曼的这个理论揭示了不同教龄的教师只要心理发展水平接近,仍可能达到相同的专业发展水平,而且这种理论框架也能更好地解释教师专业发展中的实际情况。

五、教师职业高原理论

“职业高原”一词来源于英文 Career Plateau,Plateau 有两层含义:地理中的“高原",或特指一个稳定不变的水平、阶段或状态,即发展的平稳期、稳定状态或停滞状态。很多学者认为,职业高原现象对个体的发展会产生负面性影响,如工作投入程度更低,工作绩效更差,离职意向更高等。但也有学者认为,职业高原是一种正常现象并且为个体承担更多的职责作准备①,并且职业高原对个体的士气、组织效率产生正面影响或负面影响取决于个体的个人目标和组织环境。② 教师是职业高原的易发群体。

我国关于教师职业高原的讨论最早见于张继安 1992 年在《中小学管理》上发表的《教师能力发展中的高原现象》一文,将职业高原的概念引入到教育领域,从而开始我国学者对教师职业高原的探讨。③ 如章学云认为,年轻教师参加工作初期,教学能力发展较快,其教学水平和工作年限呈正比,在这之后,教学技能提高缓慢,甚至可能出现教学水平"滑坡"现象,在从教五六年后基本定型,职业水平在垂直层级上出现暂时停顿,进入"职业高原"期④;寇冬泉和张大均从心理学的角度认为,职业高原是教师在其职业发展的某一阶段出现的由进一步增加工作责任与挑战有关的职业进步,如晋升流动等缺失所引发的心理和行为状态,并将职业高原结构分为层级高原中心化高原、内容高原和职级高原。⑤

教师进入职业高原阶段后,就容易产生职业认同危机,教学中常常力不从心,对自己的职业责任和义务认识不清,教学态度发生明显变化,热情日益耗尽,缺乏积极性、主动性,有的教师得过且过,对新的教学理念缺乏敏感和认同,不寻求教学创新,满足于已经获得的基本技能进行单调重复教学,或无法将新的理念融入教学之中。身处职业高原阶段的教师往往职业情感逐渐淡漠,职业水平发展停滞、工作投入减少、晋升机会缺乏或满足于工作现状,缺乏积极进取的状态。

为什么会出现教师职业高原现象?对于这方面的研究,国内不少研究者曾进行过探讨,连蓉等认为,职业压力是造成教师职业高原的主要原因,教师的职业压力主要来自社会期望、学习进修和教学环境等。⑥ 徐长江等则认为,教师的职业高原是教师发展过程中的正常现象,一般而言,教师从职前准备进入学校,经过十年左右的时间就会出现职业高原现象。⑦ 宋智灵提出,教师职业高原现象的原因在于缺乏进修培训,职业水平在垂直层面停顿,甚至倒退;教师的需要得不到满足,产

① Kreuter, E. A. & Hendler, H. M.. Why career plateaus are healthy[J]. The CPA Journal, 1993,63(10):80.
② James,W. C.. Marketing management implications of career plateauing[J]. Problems and Perspectives in Management,2004,(4):201-205.
③ 张继安. 教师能力发展中的高原现象[J]. 中小学管理,1992(5):16-17.
④ 章学云. 中小学教师高原现象的研究评述[J]. 师资培训研究,2005,3:18-23.
⑤ 冬泉,张大均. 教师职业生涯高原现象的心理学阐释[J]. 中国教育学刊,2006(4):72-75.
⑥ 连榕,张明珠. 教师成长中的"职业高原"现象之有效应对[J]. 教育评论,2005,3:25-27.
⑦ 徐长江,钟晨音. 教师职业高原期的培养对策[J]. 天津教育,2005(2):39-40.

生心理挫折；社会各界对教师的高期望值以及工作任务繁重等。[①] 王惠卿认为，是工作内容单调重复，学校激励不当、培训不足，个体效能感低下、人格等造成了教师的职业高原现象。[②]

　　综合以上分析，我们认为教师产生职业高原的原因可能从教师、学校和社会三个方面进行分析：教师方面，教师的人格特征、心理挫折、认知偏差、价值取向、需求的满足程度可能是主要原因；在学校方面，是否具有公平的竞争机制、教学生态、职业进步机会以及职业压力等可能是主要原因；在社会方面，巨大的职业压力、片面的评价、社会地位以及和社会比较的不协调等可能成为教师进入职业高原阶段的主要原因。此外，教师个体、学校以及社会环境的多方面交叉作用，可能是教师进入职业高原的关键影响因素。

第三节　案例解读教师生涯发展阶段

　　根据以上的教师生涯发展阶段论，我们认为教师的生涯根据其发展形态和发展重点任务，可以将教师生涯分为"适应"与"发现"期、稳定期、试验期或重新评价期和退离教职期。我们拟利用教师发展的生涯故事，帮助读者更好地理解教师生涯要经历的这些阶段。

　　1."适应"和"发现"期

　　"适应"和"发现"是新任教师面临的两种境地，一方面，缺乏教学经验的新任教师面对课堂教学中的复杂性无所适从，出现专业理想和教学现实的失落、师生关系的摇摆、教育任务安排上的紊乱；另一方面，他们也欣喜地发现有了自己的学生、自己的课堂、教案和年度计划，并且为同事所接纳，恰是这种热情抵消了前者的不快。

生涯故事

新手教师的困惑

　　刚走上讲台，我打定主意，要推陈出新，给学生一个惊喜。于是我制订了许多措施，如在教学中穿插游戏，用启发式教学，多让学生动脑筋，课外不布置太多作业……一时间，许多学生喊着爱上我的课，我心里也是美滋滋的。

　　一天，一位老师告诉我："校长对你有意见。"我茫然了。他说："你刚来，不知道学校的规矩。千万不能玩新的……"我当时想，反正学生拥护，怕什么。

---

①　宋智灵. 教师职业高原现象探析[J]. 泰山学院学报,2007,29(1):109-111.

②　王惠卿. 教师职业生涯"高原现象"原因与对策分析[J]. 中国教师,2007(11):15.

一个月后,学校进行了月考,我教的科目全镇倒数第三。面对结果,我心里很沮丧:我没偷懒,怎么会考得这么差? 这时,一位中学教师告诉我:"别人下课拖堂,逼着学生背书,暑期布置作业又多,学生做不完就要罚。而你用什么启发式教学,讲课外的知识,这怎么能与人家比? 小伙子,不要搞创新。我刚毕业时,和你一样,可到头来⋯⋯哎!"

我还要不要走我的路,继续改革下去呢? 难道我也应该像其他老师那样:没上课就将学生早早赶进教室;下课了继续讲,直到下一节上课;上课提问题,谁答不上来,就罚站一节课;放假给他们布置一大堆作业⋯⋯我感到非常苦闷。

(资料来源:金忠明,林炊利. 教师,走出职业倦怠的误区[M].上海:华东师范大学出版社,2011.)

2. 稳定期

这是青年教师所经历的比较典型的阶段,一般包含两个特点:首先是教育上的稳定,适应了课堂教学、掌握了一套教学常规并逐渐内化为富有特色的教学风格,能够根据学生反应和表现的个别差异而因材施教;其次是投身于自己所选择的专业,明确地对专业角色承担成长的职责。

生涯故事

一位年轻教师的成长之路

我还清晰地记得当我第一次踏入学校站到班级讲台上时,我激动不已。心想我终于如愿以偿地成为了一名人民教师,我站在了人生最重要的一条起跑线上,怎样前进只有自己去把握。然而年轻的生命不允许波澜不惊,刚刚工作毫无经验,知道要爱自己的学生,却不知道如何把握分寸,更不知道什么是严中有爱,于是真的和学生打成一片,陪伴着孩子的成长,是一件让人感动的事。看着他们活泼可爱的笑脸,听着他们问的单纯而有趣的问题,使得自己一直保持着年轻纯朴的心态。但有时这帮小天使,偶尔也会变成调皮捣蛋的小恶魔。凭着一股子的执着,凭着我的满腔热血,我相信我会把我的工作做好。但是在起初的一个月内,我深感自己举步维艰。在上课的时候,对待班里的孩子我总是笑眯眯的。碰到孩子犯错的时候,我也总是细心地跟他们说。可是,渐渐地,我发现,对于孩子,你对他们好,他们就认为你好欺负。我在读课文,有些捣蛋的孩子就会在边上嘀嘀咕咕的,有说话声,有唱歌声。我生气了,第一次在班里发了很大的火。回家后我泪水满眶,我迷茫了,我问我最敬爱的老师,我说我感到委屈感到无助,我怀念学生时代的日子。老师说人不可能只活在过去,你需要成长,需要完成一个从学生到教师的蜕变,这种蜕变是要付出代价的,那就是虚心学习,学会尊重、理解、宽容、沟通、赏识孩子。按照老师的提示,我努力做着。

与此同时,我利用大部分时间向我们学校的老教师学习教学工作中的点点滴滴。我开始到处听课,在老教师身上我看不到一丝紧张与无措,取而代之的是和学生融为一体的轻松。原来课堂真的很讲究技巧,我们不能呆板地将课本知识输进学生的大脑,而应采取一些辅助方式来活跃课堂气氛,以利于学生更好地吸收并学以致用。比如游戏、歌谣、表演等。老师一个手势一个微笑都有可能调动他们学习的积极性,同时低年级孩子最喜欢奖励教学,一个粘贴、一朵红花都能让他们感受到被赏识的喜悦。在课堂上加入这些元素后,我发现自己的生命又充满了活力,褪去了紧张与羞涩,我变得大方自然,寓教于乐的理念体现得淋漓尽致。老教师对我的建议让我收获了很多教学方面的方法,进步了很多。这些建议将是我今后工作中最宝贵的财富。

工作8年的时间里,我常常思考,应该说我和孩子们互相陪伴着共同成长,但很多时候我不能控制自己的心,陷入泥沼的困境,曾经的我在工作中哭过,懊悔过,但谁不是一边受伤一边成长,现在我要说的是我珍惜和孩子共同度过的岁月,有孩子陪伴的成长,是一件幸福的事。我愿意把所有和孩子之间的故事细心地编制成美丽的花环,装在行囊里,挂在月明的窗子下,珍藏在岁月里。

（资料来源:程振响.教师职业生涯规划与发展设计[M].南京:南京师范大学出版社,2007.）

3.试验期或重新评价期

随着对教学常规的熟悉,工作环境也不再富有挑战性,教师们也开始不安于现状。有的进行教学改革试验,如采用不同教材、不同学生群体、不同的教学程序;有的开始注意到学校组织管理中存在的弊端,希望采取激进主义的方式克服这些学校发展中的障碍。

由稳定期进入重新评价期,被认为是职业危险期。教师开始重新审视所从事的职业:是否要一辈子执掌教鞭? 怀疑自己的选择并非最终的选择,有如果不早点"跳槽"就会一辈子被排除在其他职业生活之外的想法。曾有调查表明:此阶段43%的教师样本中曾认真地考虑过要离开教师这一行,而且危险期的峰值在教龄7~15年的时期。

生涯故事

徘徊在十字路口的王老师

王老师,36岁,大学本科毕业就分配在一所目前称之为"三星级"的高中。善于钻研的他,很快就在学校里崭露头角,参加市级教学竞赛连年获奖,35岁时就顺利地获得高级职称,并且被评为市级骨干教师。学校提拔他担任学校的办公室副主任。王老师想把特级教师作为自己的奋斗目标,可是打听了一下,知道自己所在的学校名额很少,他所教的地理这种小学科就更难评了,而且教研组里论资历在他前头的还有好几位。据说特级评比要求很高,自己也没有多少社会背景,希望不大。但是好学上

进的他还是报考了教育硕士,他在等待机会。在谈到自己的教学时,他说:

"刚开始工作的时候,我感到教学很有意思,每天花大量的时间备课,想方设法培养学生的兴趣。可是我们这个学科运气不好,20世纪90年代中期还被停止过高考,对高中地理教师来说,那无疑是最沉重的打击。现在恢复地理高考了,可是要学生选课,也是很不容易的。但是现在上课和考试好像不完全是一回事,公开课是一个要求,考试又是另一回事,平时还是为考而教的多,没劲,教师和学生都成了应付考试的机器。学生选地理的也不是都对地理有兴趣,不知道他们整天都在想什么。继续考教育硕士的一个重要原因是可以有脱产一年的学习时间,我希望给自己一些时间考虑今后的发展方向是从事行政还是专业发展,现在还说不清楚。"

(资料来源:程振响.教师职业生涯规划与发展设计[M].南京:南京师范大学出版社,2007.)

4.平静期和保守期

处于20~30年教龄间的教师大多逐渐由激进主义转向平静的阶段,也可以说是"更新"时期。他们开始寻找自己新的兴趣点:做自己乐意做的事情。对自己所拥有的教学知识和技能充满了自信,失去专业发展的精力和热情。因为,年龄和教条主义或保守主义往往是相伴而行的,教师越来越谨小慎微、抵制变革、留恋过去、守成而不开拓、依靠资历安逸地从事教学工作。

生涯故事

身心疲惫的何老师

何老师,44岁,语文老师,性格比较内向,从小生活在农村。大学毕业后回到家乡,在家乡的一所乡级中学任教。由于何老师工作认真负责,三年后调到县级中学,很快成为学校的教学骨干,并且在本市有一定的知名度。市区的一所重点高中想调他去,他心想市里的工作、生活环境比较好,机会也会多一些,而且也为孩子的未来着想,欣然前往。可是到了市里以后,情况并不像他想象的那样乐观。由于初来乍到,与同事的关系比较陌生,加上他来自农村,同事难免有点"眼色"对他,这使他自尊心受到了极大的伤害。虽然随着时间的推移,大家对他的教学能力的评价有了较大的改变,但他依然感觉到失落。整天忙于工作,很少有空闲的时候,看看周围同龄人,大都在为房子、孩子忙碌着,他也就随了大流。在一次体检中,他被发现患有高血压,他感叹地说:

"我感觉现在的生活平淡无味,整天机械地忙碌着,没有时间停下来思考,学校的应试越来越激烈,从早到晚都在学校,花了那么多时间,也没见到有什么效果,教育的意义已经索然无味,别说学生厌学,我都感到厌教了。但这就是现实,我们每天都要应对。教师吃的是良心饭,对得起学生就对得起自己了。但是现在身体弄成这个样子,不值得,还是要善待自己,否则什么都白忙。"

（资料来源：程振响.教师职业生涯规划与发展设计［M］.南京：南京师范大学出版社，2007．）

生涯故事

执着追求的李庾南

她没有大学文凭，高中毕业就走上了教师岗位；她没有行政职务，至今仍是一位普普通通的中学教师。然而，她执着地追求，顽强地拼搏，不断地超越，数十年如一日致力于教学改革和教育科研的实践，创立了效果显著、影响深广的"自学·议论·引导教学法"。她就是江苏省首批名师、数学特级教师李庾南。

1978年，经过"文化大革命"十年的压抑，终于迎来了改革开放的春天。李老师毅然摒弃了"年年卖旧货"的机械重复式教学，在领导的支持、同伴们的鼓励下，她提出了"学生自学数学能力及其培养"的实验研究课题，踏上了漫长的初中数学教学研究探索之路。那时，课堂上仍然充斥着"满堂灌"的现象，许多老师对此熟视无睹，而李老师却不甘现状，知难而进。在20世纪80年代初就上了一堂以学生为主体、培养学生自学能力的公开课。这堂课在得到部分专家学者赞许的同时，也引来了不少非议和责难。

可这些并没有击倒李老师，她通过认真总结，更加勤奋刻苦地继续在教改之路上探索与拼搏。为了弥补教育理论方面的不足，追踪课改前沿信息，每个暑假她都要赴扬州师范学院，接受专家学者两个星期的个别辅导。

1984年，为了撰写论文《初中学生数学自学能力及其培养》，她向多方老师请教，与朋友磋商。她曾经早上六点从扬州出发，赶往镇江；尔后再从镇江赴常州中学；傍晚又风尘仆仆地赶到南京，直到后半夜，她才到达南京朋友的住处。一夜只睡三个多小时，第二天一早又急急赶往省教研室，向有关专家学者求教。她一天奔波了四座城市，收获是沉甸甸的。

1984年早秋，名不见经传的李庾南老师带着凝聚着她自己与众多师友心血的论文，赶赴安徽绩溪，参加全国数学教学研究会第二届年会。在这次会上，李老师严密的论证、精确的推理、简洁而生动的语言征服了小组的同志，也征服了与会的专家学者。随着同仁的祝贺、记者的采访、媒体的报道，李庾南的名字像长了翅膀，迅速地飞向祖国的四面八方。从那以后，不断有外省、外市的学校邀请她去讲课讲学，她精心准备，抓紧机会向别人学习，不知不觉中实现了自己职业生涯的一次大超越。

李老师在前进道路上所遇到的困难和挫折，是常人难以想象的。所幸的是，她在自我排解的同时，广交良师益友：有单位里的同仁，有各地的专家学者，也有编辑部、出版社的朋友。师友们给了她超越的信心和动力，既使她的专业知识获得了长足进步，又为自我发展争取了良好的空间。

在繁忙的教学、教研之余，她还阅读了古今中外著名教育家的名论名著和新课程理论,曾两赴美国考察基础教育改革现状,丰富自己的认知视野,拓展自己的实践能力。在26年教改研究中,她倾情于学科教育的理论研究和实践探索,历经了"学生自学数学能力及其培养""创建自学·议论·引导教学法""优化学习过程,改善教学结构""学程导进技艺研究""主体性教育研究""初中学生学力的形成与发展"六个阶段的探索;经历了由数学学科到多学科、由初中到高中、由校内到校外的推广,研究领域和范围不断拓展,研究成果日益显著。在他人研究成果的基础上,她总结提炼出自己的教学思想,即"自学·议论·引导"教学法。自学——虽然自学的形式多样,但是突出了自主学习;议论——强调自主学习基础上的交流讨论,并突出了合作学习、探究学习以及在互动互究过程中的自觉体验、感悟的学习方式。她倡导的教学方式提倡教师是学生合作学习的伙伴,教师的作用是在导向、帮助、激励、评价、释疑、解惑中发挥的。她在几轮实验和推广中,十分注意吸纳、丰富、扬弃与拓展,聚焦一个方向,打造一个团队,坚信自己的能力,主动赢取各方理解和支持,因此,教育思想不断刷新,教学技艺日益成熟。

从1978年以来,她以写促思,出版了《初中数学自举议论引导教学法》《初中代数教学结构》《初中几何教学结构》《李庾南教数学》《数学自学·议论·引导教学法》等七部专著,发表论文一百余篇。她应邀为中国教育电视台、中国电视师范学院、江苏教育电视台等拍摄理论讲座、教学录像近两百讲;远赴北京、辽宁、广东、新疆等26个省、市、自治区做学术讲座150多场次;多次举办省、市、全国性的教育教学改革讲习班,培训了教学骨干、教研人员、高师院校的学生达两万多人次。

普通教师李庾南,在自己平凡的工作岗位上,创造了令人倾慕的成绩:她荣获过全国中小学教学改革"金钥匙"奖、全国中学数学教育的最高荣誉奖——苏步青数学教育奖;她是中学数学特级教师、江苏省首批"名师"、第九届全国人大代表、江苏省有突出贡献中青年专家,享受国务院特殊津贴专家。

(资料来源:程振响.教师职业生涯规划与发展设计[M].南京:南京师范大学出版社,2007.)

5.退离教职期

教师专业生涯的最后阶段便是退休。从社会学上讲,这是自然的新陈代谢,为年轻人的成长和新的观念发展提供机会。而对教师个人来说,却是职业生涯的总结,有些人是平静地离开教职,更多的教师可能心里充满着悲伤的情怀①。

生涯故事

一位老教师的退休感言

还有3个月我就60岁了,我的教书生涯就满40年了。

---

① 陈永明,钟启泉.现代教师论[M].上海:上海教育出版社,1996:186-187.

这40年里,我从一个年轻力壮的毛头小伙变成了饱经风霜的老人。我目睹了新时期中国教育的变迁,体验了教师地位和待遇的几番沉浮和不断提高,经历了数不清的身体劳累、精神上的困惑和迷茫,产生过无数次放弃的念头。但是,扪心自问,我的确把自己最美好的青春献给了我钟爱的教育事业,献给了我淳朴、厚道的父老乡亲和这片同样质朴、亲切的土地。

40年前,我刚走上讲台的时候,同村的长辈恒叔告诉我:"咱教育行里有句口头禅,'教师是良心活儿'。要想图个心里踏实,就不能老想着面子上光鲜,钱兜里子鼓囊,要不就别干教师。可是要真干上,真喜欢孩子,就不许后悔!"从村小里的代课教师,到乡里的民办教师,到后来的考师范转公,一步步走来,我仔细地体会着恒叔的话和农村教育的滋味。

分责任田那年,正赶上妻子怀孕,我忙完工作忙家里,忙完家里忙田里,我觉得自己很累很累,实在坚持不住了,想辞职不干。可是犹豫了半个多月,我还是觉得离开这些孩子们我不放心,那感觉就像把自己的亲生儿女弃之不顾。哪怕我知道我不干了自会有人干,也许还会比我干得更好。是呀,当教师苦是苦点儿,难是难点儿,但真要不在乎贫穷和苦难了,剩下的就是无边的心灵富矿和无穷的职业乐趣了。因此,我一直坚持,一直努力,一直奋斗。

我很庆幸自己没有辞职,没有改行。受穷也罢,受累也罢,只要站在讲台上,只要坐在孩子们中间,听见他们的叽叽喳喳和欢声笑语,就像听到世上最美的音乐,我就能得到无穷无尽的快乐。

现在,不少人揶揄教师:"你们当教师的可真好,每天上那么两节课,一个月就是两千多。"不过,也有乡亲对我表示同情:"如今的孩子不是'小皇帝'就是'小公主',批评不得教育不得,老师这活儿真是越来越没法干了!"我都笑而不答。

干了一辈子教师,吃亏沾光我早都不想了。教育是对人心灵的构建和再造,是贴近心灵、滋养心灵的职业,孩子们需要有人引导,职业责任感促使着我去呵护每个学生的生命和心灵,倘若不那样,我会很羞愧,很不安。

教师的工作是对学生心灵的耕耘,也是对自己心灵的重塑和储蓄。这一过程中,我们需要背负别人的不屑,承受家人的误读,哪怕这种不屑和误读一背就是几年、十几年,也不应该放弃对孩子们心灵的引导。农民辛苦劳作不就是为了金黄的谷穗和丰硕的果实吗?他们会因为老天不下雨就不种地了吗?

有企盼就必须付出,有付出终有回报。

事实的确如此。不时会有以前的"捣蛋鬼"来学校感谢我,诉说自己以前对我的敢怒不敢言和现在发自内心的感念;每年春节,都会有那些已经成了博士、小老板的"旧部"来给我拜年,坐在炕头上和我热热乎乎地聊天、无拘无束地玩笑,那神情自然得就像懂事儿的孩子陪自家老人说话。

现在,我仍然骑着那辆破自行车在单位和家之间匆匆而行,春风吹乱我灰白的头发和我的心。

马上要退休了,回首来路,我无怨无悔;看看眼下,我非常安心。我知道,那些和我一样热爱教育而且比我年轻有为的同事们,会做出让乡亲们更满意的成绩,他们的学生会比我的学生更出色。

教育,让我接受了一辈子教育,让我的一生受益无穷。

(资料来源:http://www.zjhysyxx.com/dy/js/show.asp?id=3029[2013-6-25])

小贴士

教师职业困惑诊断书

一、适应期的困惑

诊断:这一类困惑主要存在于初任教师。对于初任教师来说,如何适应一个原来并不熟悉的岗位,是首先面临的问题。

1995年以来,大家普遍意识到教学是教育改革的一个核心,教学是一个专业,具有独特的专业知识与专业技巧,所以对于初任教师来说,如何去获得专业的技能或知识,是个难题,因此初任教师的适应期也会比较长。

处方:对于初任教师的困惑,通过"以老带新"的方式可以帮助他们迅速上岗,这种"以老带新"的方式应该是老教师一方面传递自己的经验,一方面让新教师将自己的想法渗透到教学当中,而不是对老教师的一切经验全盘接受,这样可以使新教师在他的岗位上获得一种新的发展,一种不同于他师傅的发展。另外可以采用与高校合作做课题的形式。在合作做课题、做实验的过程中,学校中比较有经验的教师可以与新教师一起探讨,这是一个互动的过程,因为教学一线的经验可以充实理论工作者的想法,理论工作者的思路也可以帮助一线教师调整想法。

二、可持续发展的困惑

诊断:这部分教师遇到的困惑是如何进一步在专业上实现跨越。比如,已经获得了相当职称的,除了职称以外,如何能使教学这个专业成为具有创造性的工作,能够不断适应新的发展,为自己提供新的经验与机会,对于这部分的教师来说,干了这么长时间之后,可能渐渐有点疲惫,可能在适应了工作后反而失去了新鲜感,觉得这种挑战已经逐渐地丧失,失去了明显的前进目标,而出现了无所适从的状况。这一类困惑主要存在于那些已经获得了相当资格,或者在工作岗位上工作了相当长的时间,具有一定专业素养的教师。

处方:对有一定资格的教师,解决困惑的主要方法是创造新的学习机会。学校可以采用进修、读研究生等培训方式,或是给予他们一些职务,换一个工作环境等行政手段,使他们获得另一种新鲜感与学习、发展的动力。利用高校与中、小学的联合,让中小学中已经有一定资格的教师有机会充电,学习一些新的专业知识,这种专业知识包括对原有学科知识的巩固与对新的专业知识的更新。这样的学习可以使教师获得将已有的经验深化和升华,并在新形势下滋生出新的主意与想法,来帮助自己及学校提升品位的能力。同时鼓励教师去学习研究生课程,让一些工作时间很长,已经积累了许多经验的教师,能从理论角度再来思考这些问题,会使其对原有的教学产生一种新的领悟,使其对今后的工作有一种全新的认识。

三、瓶颈期的困惑

诊断:对于老教师来说,在几十年的教学生涯之后,渐渐逼近退休的年龄,很留恋教育这个岗位,但是在这个岗位上的时间已经不多,想要有更大的发挥空间与时间显然很难,许多人因而选择了得过且过的状态。另一方面,他们已经达到一定的教学高峰,又在学校具有一定的地位,但是在对不断出现的新的教学形式与教学手段的接受与应用上却往往不如年轻教师,这种心理上的落差是很多老教师产生困惑的主要原因。

处方:解决老教师的困惑,关键在于怎样使他们的宝贵经验能够最大限度地凝聚起来,为新教师提供某些可以利用的经验和资源。比如可以借鉴的教学方法。学校的领导给予他们认可,使他们看见自己多年的心血能发挥更大的价值,是他们的工作激情能够延续到退休以后的关键。每日可自行支配的时间很少,长时间的劳动一旦重复而没有突破的话,教师心理产生的厌倦与烦躁也就可以理解了。而且大部分教师既要承担家庭责任,又要承担工作的责任,压力是教师们对职业产生困惑的很大原因。

四、面对变化的教育与不变的评价的困惑

诊断:在倡导素质教育,不断进行教改、课改的今天,教师是否称职,是否优秀,依据什么来评定,教师的困惑,其实也是全社会的困惑。发表一两篇论文,是其专业知识的反映,但撰写论文与实际教学毕竟不是一回事,文章满天飞的写作高手,未必能站在讲台上教好一堂课。什么样的课才算好课,各学科的素质教育目标到底是什么,有什么差别,评价标准是否要考虑学校和学生的差异,评价中的"教学规范"和"教学中的突破与创新"如何区分,都是教师在变化中可能面对的困惑。

处方:我们提倡素质教育,对教师的要求也应作相应的转变,给教师"松绑":把那些附加在教师工作上的条条框框统统除去,让教师轻轻松松地投入教育事业,给教师营造一个较为宽松的外部环境。就是说,对教师的评价,应从考分、论文等框框中走出来,多关心教学实绩,以利于教师更好地发挥工作主动性、积极性和创造性。全社会也都应树立新的人才观,新的人才评价机制。

在一些学校的具体实践中,一些观念得到了认同:评价机会的均等,使每名教师都有机会在评优课或其他评比中脱颖而出;评价依据的真实,要保护教师教案的原创性与个性,对于有创新的教师可以酌情加分;形成性评价应多于总结性评价。现在,很多教师在得到不佳评价后很难再有机会弥补或修正;只是评优课上得好,平时上课马虎的教师也没有约束,所以学校可以形成一定的机制和做法,使教师平时的授课状况成为一项评价内容。

第三章 我是谁——基于教师身份认同的自我认知

　　从心理学的视角来看,我是谁的问题是个体逐步澄清自我意识,发展自我的元认知,并以此解释自己的行为的过程。就教师生涯规划而言,回答"我是谁"的问题则是教师一方面根据自身长期生活而形成的人格、兴趣、能力、价值观的体认过程;另一方面,也是将这些个体固有的一些心理品质和教育教学实际结合,对教师身份的认同过程。

　　本章将分别从教师职业价值观、教师职业人格、教师职业兴趣和教师职业能力帮助读者认识自我。

第一节　职业价值观

一、职业价值观理论

　　价值观是人们对事物重要性的主观判断,简单地说,就是你追求什么,赞成什么,反对什么。价值观支配着人的一切行为,是个体做出行为的基本驱动力。职业价值观是价值观体系中一个极为重要的组成部分,是人们对某一职业所赋予的一定看法、意义的总和,是人们对待职业的一种信念和态度。同时,也是人们在职业生活中所表现出来的一种价值取向。教师的职业价值观就是人们对教师职业所赋予的一定看法、意义的综合,是人们对教师职业的一种信念和态度。教师的职业价值观是教师价值观体系的重要组成部分,对教师的职业目标、职业动机等起着决定性的作用。

　　鉴于价值观在一定程度上支配人的行为,是个体做出行为的深层原因,因此,认识自己的价值观就显得十分重要。

　　下面介绍一些价值观的探索过程,希望能够帮助你认识自己的价值观,在生涯定向和职业选择中,选择自己认为值得做、愿意做并愿意为之付出努力的职业类型。价值观探索的方法很多，一般而言，需要经历下述七个步骤①。

1. 自由选择

一个人的价值观必须是个体自由选择的结果，任何外界强制灌入或说教的结果都不能认为是个体自己的价值观，外界的教育只有真正内化为个体内心的价值体验的时候才有可能融入个体的价值观。经过自由选择而确立的价值观才能真正起到引导个体行为的作用。

2. 选择途径多样化

我们可以从不同的途径选择自己的价值观，如可以通过群体辨别或内省方式，辨别与生活中遇到的问题相关的价值观，整理每一种价值观并对这些选择产生的后果进行比较和分析。

3. 三思而后择

当一个人处于情绪激动或在遇到某些大事情而感情冲动的时候，所作出的价值选择并不能代表他真正的价值观。个体的真正价值观只有通过对不同价值选择的后果进行认真考虑和衡量比较之后才能确定，也只有这样的选择才是有意义的选择，才是个体真正的价值观的体现。

4. 重视自己的选择

一般来讲，我们对自己认为有价值的东西都会重视和珍惜的。只有我们所重视和珍惜的价值观才是我们真正的价值观的一部分。

5. 公开自己的选择

如果我们的选择是在自由环境中经过自己认真思考才得出的结果，我们不仅会重视和珍惜它，并且能够对外界大方地公开。

6. 根据选择采取行动

一个人的价值观能够左右他的生活，对他的日常生活产生举足轻重的作用。一个人如果认为某种东西有价值的话，就会乐于付出自己的时间、精力、金钱甚至生命，去尝试、去实践、百折不挠、锲而不舍。如在汶川大地震中，四面八方的志愿者赶到余震不断的地方进行支援，如果没有坚定的价值观支持，是很难做到这一点的。

7. 重复自己的行为

如果一个人的某种观念、态度或兴趣已经上升为他的价值观，那么，他就会在各种不同的时间和场合一而再、再而三地表现在行为上，价值观将长久地支配人们的行为。

体验练习

价值观澄清七步骤工作表

请回答以下七个问题来澄清自己的价值观：

---

① 蒋建荣，詹启生.大学生生涯规划导论[M].南京：南开大学出版社，2005.

(1)它是你自由选择的,没有来自任何人或任何方面的压力吗?

_____

(2)它是从众多的价值观中挑选出来的吗?

_____

(3)它是你思考了所作选择的结果或后果后被挑选出来的吗?

_____

(4)珍爱你的价值观,或者为你的选择而感到高兴吗?

_____

(5)你愿意公开地向其他人声明你的选择吗?

_____

(6)你能够按照如下方式践行你的价值观吗?

_____

(7)能做一些与你选择的价值观有关的事情吗?

_____

(8)有能与你的价值观保持一致的行为模式吗?

_____

职业价值观是指人生目标和人生态度在职业选择方面的具体表现,也就是一个人对职业的认识和态度以及他对职业目标的追求和向往。理想、信念、人生观、世界观对于一个人职业发展的影响,集中体现在其职业价值观方面。

二、职业价值观的类型

职业专家通过大量的调查和研究后,把职业价值观分为六大类,并将其与个人适合的职业类型相对应①。

(1)自由型(非工资生活者型)。该类型职业价值观的人不受别人指使,凭自己的能力拥有自己的小"城堡",不愿受人干涉,想充分施展本领;适合职业类型有室内装饰专家、图书管理专家、摄影师、音乐教师、作曲家、编剧、雕刻家、漫画家等艺术性职业。

(2)小康型。该类型职业价值观的人追求虚荣,优越感也很强。很渴望能有社会地位和名誉,希望常常受到众人尊敬。欲望得不到满足时,由于过分强烈的自我意识,有时反而很自卑;适合职业类型有记账员、会计、银行出纳、法庭速记员、成本估算员、税务员、核算员、打字员、办公室职员、计算机操作员、统计员、秘书等。

---

① http://www.hudong.com/wiki/%E8%81%8C%E4%B8%9A%E4%BB%B7%E5%80%BC%E8%A7%82[2013-05-25].

（3）支配型（权力型）。该类型职业价值观的人想当上组织的一把手，飞扬跋扈，无视他人的想法，为所欲为，且视此为无比快乐；适合职业类型有推销员、进货员、商品批发员、旅馆经理、饭店经理、广告宣传员、调度员、律师、政治家、零售商等。

（4）自我实现型。该类型职业价值观的人不关心平常的幸福，一心一意想发挥个性，追求真理。不考虑收入地位及他人对自己的看法，尽力挖掘自己的潜力，施展自己的本领，并视此为有意义的生活；适合职业类型有气象学家、生物学家、天文学家、药剂师、动物学者、化学家、报刊编辑、地质学者、物理学者、数学家、实验员、科研人员、科技工作者等。

（5）志愿型。该类型职业价值观的人富于同情心，把他人的痛苦视为自己的痛苦。不愿干表面上哗众取宠的事，把默默地帮助不幸的人视为无比快乐；适合职业类型有社会学家、福利机构工作者、导游、咨询人员、社会工作者、社会科学教师、护士等。

（6）技术型。该类型职业价值观的人认为立足社会的根本在于一技之长。因此，钻研一门技术，认为靠本事吃饭既可靠，又稳当；适合职业类型有木匠、农民、工程师、飞机机械师、自动化技师、野生动物专家、机械工、电工、司机、机械制图等。

（7）经济型（经理型）。该类型职业价值观的人断然认为世界上的各种关系都建立在金钱的基础上，包括人与人之间的关系，甚至父母与子女之间的爱也带有金钱的烙印。这种类型的人确信，金钱可以买到世界上所有的幸福；各种职业中都有这种类型的人，商人为甚。

（8）合作型。该类型职业价值观的人人际关系较好，认为朋友是最大的财富；适合职业类型有公关人员、推销人员、秘书等。

（9）享受型。该类型职业价值观的人喜欢安逸的生活，不愿从事任何挑战性的工作；无固定职业类型。

随着社会的发展，一些职业可能会退出社会生活，还会出现一些新的职业，而各种职业自身所代表的社会声望、实际收入水平、工作环境背景也将会发生很大的变化，这些都将影响个人的职业指向。要想确定个人的职业方向，还需综合考虑个人的个性、兴趣、能力以及社会环境等因素。

教师已经选择了"教师职业"作为自己的生涯职业，职业价值观对于教师职业的后续发展同样具有重要的借鉴意义。如果你的职业价值观是倾向于小康型的，追求稳定的生活，那在工作中可能会更加倾向于将工作和生活协调起来，不会太过于偏向于另一方，在工作上不会投入过多的精力；如果你的职业价值观是自我实现型的，那可能会在工作中投入相对较多的精力和时间，谋求在职业上的成果；如果你的职业价值观认为金钱对于职业而言更加重要，那当你的工资不是很高的时候，不满意感相对就会更高一些，甚至有可能会选择其他经济效益更好的职业，等等。

三、教师的职业价值观

当今世界,教师通过培养人已然成为推动经济发展和社会进步的重要力量,教师的行为牵动着千家万户的心,甚至关乎一个国家和民族的前途和希望。教师对其职业价值的认识和看法直接影响教师的工作态度和工作行为。不同的教师,对其工作的体悟不同,自然形成不同的职业价值观。但是,不管教师个体怎么看,经过多年的历史积淀,人们对教师职业已经赋予了一般的认识、信念和态度,形成应然的教师职业价值观。

在我国古代,人们普遍认为教师文化学识最渊博,因此,国学教师被称为"博学";道德观念最正统,被称为是"道"的化身,所谓"道之所存,师之所存也";行为规范最完善,所谓"师者,认知模范也",教师能够做到"安贫乐道""谋道不谋食"。国外,如夸美纽斯认为"教师是太阳底下最光辉的职业",第斯多惠提出"教师本人是学校里最重要的代表,是最直接的最有教益的模范,是学生最活生生的榜样"等。从上述对教师职业的描述,可以看出,人们赋予职业以高尚、博学、崇高等的信念和含义。然而,随着社会经济的发展,教师职业价值观也在经历着变化,从过往的"春蚕""蜡烛"等只知牺牲不求回报的"神"的形象变得更加有血有肉,教师的价值观中也渗透了对幸福的追求和人的最终意义的追求。

有人曾经根据马克思、恩格斯对于不同社会形态下人的自由程度的不同而经历的生存、享受和发展三个层次的划分,结合人们对教师职业价值的现实观念,将教师的价值观分为三为四种类型:生存性、享受型、奉献型和发展型。[①]

"生存型"教师职业价值观认为,教师仅仅是为了谋生和养家糊口而从事教师职业。持此观点的教师主要是从生计出发、站在功利的角度,以被动和消极的眼光看待自己的职业,如把教师看成是知识的搬运工,把教师的工作看成是无可奈何的选择,将教师职业当作寻找"更好"职业之前的跳板等。由于他们从事这一职业更多是出于无奈,因而感到困惑和痛苦。在这类教师身上我们看到的是对职业的厌恶和疏远,教师与职业是分离的,他是"subsistence"。

"享受型"教师职业价值观认为,教师是为了体验人生和品味幸福而从事教师职业的。持此观点的教师主要是从兴趣出发,站在非功利的角度,以对教育事业和学生的热爱来对待自己的职业,如把学生的成长当成教师最大的快乐,对平凡的工作充满热爱,在付出与给予中获得内心满足等。他们从事这一职业是因为自己喜欢,因而感到快乐和幸福。在这类教师身上,我们感受到了他对教师职业的热情和积极的态度,教师与职业是融为一体的,职业本身就是"life"。

"奉献型"教师职业价值观认为,教师是为了服务社会和奉献自我而从事教师

---

① 张凤琴. 教师职业价值观的理论与实践研究[D]. 内蒙古师范大学硕士学位论文,2005,6;7-8

职业的。持此观点的教师主要是从社会和学生需要出发,站在超功利的角度,以为社会做贡献的立场看待自己的职业,他从事教师职业是为了学生的成长和发展,因学生的良好发展而感到自豪,感到自己奉献的价值。如把学生的成长当成自己最大的骄傲,在平凡的工作中甘当燃烧自己,照亮别人的"蜡烛",为学生、为教育事业奉献自己的一切,把教师职业看成是一种奉献和牺牲的活动等,在这类教师身上,我们体会到了他们对发展学生的迫切愿望和富于牺牲的奉献精神,教师以职业为工具,教师与职业是分离的,他一直在"give"。

"发展型"教师职业价值观认为,教师是为了服务社会和完善自我而从事教师职业的。持此观点的教师主要是从自身和社会需要出发,站在超功利的角度,以完善自我、为社会做贡献的立场看待自己的职业,他们从事这一职业是为了过一份更有意义的人生,因而感到崇高而有价值。如把教师看成是教育活动的反思者和研究者,以终身自我教育作为教育生涯的推动力,视教师职业为不仅给予也在收获的有意义活动等。在这类教师身上,我们体会到了他对提升自己的迫切愿望和富于创造性的教育智慧,教师是超越于职业的,是以"教育家"为发展目标的,他一直在"grow"。

当然教师职业价值观的这四种类型并不是相互排斥的,持"享受型""奉献型"与"发展型"职业价值观的教师也有生存的需要,持"发展型"职业价值观的教师也有"享受"和"奉献"的需要,只是这四种教师职业价值观显示出一种由低至高的提升。就个体而言,在现实中,完全属于这四种类型职业价值观中某一种的教师是很少的,多数教师的职业价值观是属于两种或几种类型的混合型。就群体而言,在一个学校、一个地区,乃至一个国家中可能持"生存型""享受型""奉献型"和"发展型"四种以至多种职业价值观的教师并存,这体现了教师对其职业价值的不同认识水平。这种不同的认识水平决定他们对待职业的不同态度,不同的行为选择,也由此决定了教师不同的职业发展水平。

四、认识自己的职业价值观

接下来,请让我们利用问卷测试的方法,来认识一下自己一般意义上的职业价值观,并且,结合自己的教育教学实践深化对测试结果的解释和认识。

小测试

职业价值观测试

说明:下面有52道题目,每个题目都有5个备选答案,请根据自己的实际情况或想法,在题目后面相应字母处打"√",每题只能选择一个答案。通过测验,你可以大致了解自己的职业价值观念倾向。

问　　题	A×5 非常 重要	B×4 比较 重要	C×3 一般 重要	D×2 较不 重要	E×1 很不 重要
1.你的工作必须经常解决新的问题。					
2.你的工作能为社会福利带来看得见的效果。					
3.你的工作奖金很高。					
4.你的工作内容经常变换。					
5.你能在你的工作范围内自由发挥。					
6.工作能使你的同学、朋友非常羡慕你。					
7.工作带有艺术性。					
8.你的工作能使人感觉到你是团体中的一份子。					
9.不论你怎么干,你总能和大多数人一样晋级和长工资。					
10.你的工作使你有可能经常变换工作地点、场所或方式。					
11.在工作中你能接触到各种不同的人。					
12.你的工作上下班时间比较随便、自由。					
13.你的工作使你不断获得成功的感觉。					
14.你的工作赋予你高于别人的权力。					
15.在工作中,你能试行一些自己的新想法。					
16.在工作中你不会因为身体或能力等因素,被人瞧不起。					
17.你能从工作的成果中,知道自己做得不错。					
18.你的工作经常要外出,参加各种集会和活动。					
19.只要你干上这份工作,就不再被调到其他意想不到 　　的单位和工种上去。					
20.你的工作能使世界更美丽。					
21.在你的工作中,不会有人常来打扰你。					
22.只要努力,你的工资会高于其他同年龄的人,升级或 　　长工资的可能性比干其他工作大得多。					
23.你的工作是一项对智力的挑战。					
24.你的工作要求你把一些事务管理得井井有条。					
25.你的工作单位有舒适的休息室、更衣室、浴室及其他设备。					
26.你的工作有可能结识各行各业的知名人物。					
27.在你的工作中,能和同事建立良好的关系。					
28.在别人眼中,你的工作是很重要的。					

续表

问　　题	A×5 非常 重要	B×4 比较 重要	C×3 一般 重要	D×2 较不 重要	E×1 很不 重要
29. 在工作中你经常接触到新鲜的事物。					
30. 你的工作使你能常常帮助别人。					
31. 你在工作单位中，有可能经常变换工作。					
32. 你的作风使你被别人尊重。					
33. 同事和领导人品较好，相处比较随便。					
34. 你的工作会使许多人认识你。					
35. 你的工作场所很好，比如有适度的灯光，安静、清洁 　　的工作环境，甚至恒温、恒湿等优越的条件。					
36. 在工作中，你为他人服务，使他人感到很满意，你自 　　己也很高兴。					
37. 你的工作需要计划和组织别人的工作。					
38. 你的工作需要敏锐的思考。					
39. 你的工作可以使你获得较多的额外收入，如常发实 　　物、常购买打折扣的商品、常发商品的提货券、有机 　　会购买进口货等。					
40. 在工作中你是不受别人差遣的。					
41. 你的工作结果应该是一种艺术而不是一般的产品。					
42. 在工作中不必担心会因为所做的事情领导不满意， 　　而受到训斥或经济惩罚。					
43. 在你的工作中能和领导有融洽的关系。					
44. 你可以看见你努力工作的成果。					
45. 在工作中常常要你提出许多新的想法。					
46. 由于你的工作，经常有许多人来感谢你。					
47. 你的工作成果常常能得到上级、同事或社会的肯定。					
48. 在工作中，你可能做一个负责人，虽然可能只领导很 　　少几个人，你信奉"宁做兵头，不做将尾"的俗语。					
49. 你从事的那种工作，经常在报刊、电视中被提到，因 　　而在人们的心目中很有地位。					
50. 你的工作有数量可观的夜班费、加班费、保健费或营养费。					
51. 你的工作比较轻松，精神上也不紧张。					
52. 你的工作需要和影视、戏剧、音乐、美术、文学等艺术 　　打交道。					

请对上面的选择进行评分与评价:上面的52道题分别代表13项工作价值观。请你根据下面评价表中每一项前面的题号,计算一下每一项的得分总数,并把它填在每一项的得分栏上。然后在表格下面依次列出得分最高和最低的三项。得分最高的三项是:1._____ 2._____ 3._____;得分最低的三项是:1._____ 2._____ 3._____。

从得分最高和最低的三项中,结合职业价值观类型解释,可以大致看出你的价值倾向,在选择职业时就可以加以考虑。

职业价值观类型解释

职业价值观类型	相关题目	工作的目的和价值
利他主义	2,30,36,46	在于直接为大众的幸福和利益尽一份力。
美感	7,20,41,52	在于能不断地追求美的东西,得到美感的享受。
智力刺激	1,23,38,45	在于不断进行智力的操作,动脑思考,学习以及探索新事物,解决新问题。
成就感	13,17,44,47	在于不断创新,不断取得成就,不断得到领导与同事的赞扬,或不断实现自己想要做的事。
独立性	5,15,21,40	在于能充分发挥自己的独立性和主动性,按自己的方式、步调或想法去做,不受他人的干扰。
社会地位	6,28,32,49	在于所从事的工作在人们的心目中有较高的社会地位,从而使自己得到了别人的重视与尊敬。
管理	14,24,37,48	在于获得对他人或某事物的管理支配权,能指挥和调遣一定范围内的人或事物。
经济报酬	3,22,39,50	在于获得优厚的报酬,使自己有足够的财力去获得自己想要的东西,使生活过得较为富足。
社会交际	11,18,26,34	在于能和各种人交往,建立比较广泛的社会联系和关系,甚至能和知名人物结识。
安全感	9,16,19,42	不管自己能力怎样,希望在工作中有一个安稳局面,不会因为奖金、涨工资、调动工作或领导训斥等经常提心吊胆、心烦意乱。
舒适	12,25,35,51	希望能将工作作为一种消遣、休息或享受的形式,追求比较舒适、轻松、自由、优越的工作条件和环境。
人际关系	8,27,33,43	希望一起工作的大多数同事和领导人品较好,相处在一起感到愉快、自然,认为这就是很有价值的事,是一种极大的满足。
变异性或追求新意	4,10,29,31	希望工作的内容应该经常变换,使工作和生活显得丰富多彩,不单调枯燥。

结合工作实际来看看,这些价值观如何影响你作为教师的工作实践?

	得分类型	价值观类型	对教师工作实践的影响
得分最高的三项	高分1		
	高分2		
	高分3		
得分最低的三项	低分1		
	低分2		
	低分3		

实践与反思

你的主要职业价值观:

_____

哪些教育教学实践是你职业价值观的体现?

_____

_____

_____

反思——我能不能做得更好?

_____

_____

_____

第二节　职业人格

一、职业人格概述

人格(personality)源于拉丁语 persona,也叫个性、性格。心理学中,人格指一个人在一定情况下所作行为反应的特质,即人们在生活、工作中独特的行为表现,包括思考方式、决策方式等①。

一个人成功与否,涉及主客观多方面的因素。有些人知识渊博、智慧超人、能力

---

① 唐宜荣.大学生职业生涯规划与就业指导[M].长沙:湖南师范大学出版社,2007:41.

超群,却由于有着严重的性格缺陷,最终不仅没有获得预想的成功,反而惨遭失败;与此相反,有些人没有过人的能力,只因其有助于成功的性格,所以获得了成功。可见,成功与否,性格起着重要的作用。性格对人的职业生活的影响具体表现为:

(1)人格影响人的意志。具有意志型人格的人,自制能力强,果断刚毅。一旦确定了目标,百折不回,勇往直前,直到成功;情绪型人格的人,优柔寡断,意气用事,即便有出众的才华,也可能半途而废。

(2)人格影响人对困难的态度。同样的事物面前,不同情绪性人格的人有不同的反映:悲观者在机会中看到的是困难,裹足不前,遇到挫折,一蹶不振;而乐观者在困难中看到的是机会,遇到困难,积极进取,勇往直前,决不退缩。

(3)人格影响人的工作态度。对待工作的态度,也因其人格的不同而不同:固执人格的人,认准了不会朝三暮四,轻易不放弃,但是如果太过于固执己见,知错不改,反而不利于工作的开展。

最后,我们要认识一点,人格是可以改变的。人们常常讲"人格决定命运",很多人当事情进展不顺利的时候,会埋怨自己的人格。但是不要忘记了,人格不是气质,气质大部分是遗传决定的,但是人格不是,人格很大程度上来源于后天的培养。一个不好的人格在工作中也许是致命的,但是,别只把它归咎于你的天性,别对自己说它是无法改变的,每个人在社会中都会因为这样那样的原因而改变原先的人格,这种改变未必是坏事,有很多人都是因为改变才意外地发现自己有一些意想不到的潜力。

二、职业人格测评

性格评定是指对一个人的性格进行描述和测量。正确地评定性格可以帮助大学生了解自己的性格类型,从而确定适合自己性格的职业类型。

由于性格这一心理现象的复杂性,性格评定往往需要多种方法。下面介绍几种常用的方法。

(一)行为评定法

行为评定法主要包括观察法、谈话法、作品分析法、个案法四种方法。

观察法是在自然条件下通过观察一个人的行为、言语、表情、态度从而分析其性格的方法。采用此方法必须使被观察者处于自然情境中,保持心理活动的自然性和客观性,这样获得的资料才会真实;不论是长期观察还是短期观察,观察者都要做到有计划。

谈话法是通过与某人谈话从而了解其性格特征的方法。使用谈话法一定要事先确定谈话目的,要对谈话中的内容加以分析,要采取多种多样的谈话方式,要保持谈话气氛的融洽、和谐、温馨。谈话法在心理咨询中应用很广泛,它对了解人的性格、收集资料、确定解决问题的途径,具有重要意义。

作品分析法是通过对一个人的作品,如日记、命题作文、信札、传记、试卷以及劳动产品等的分析,来间接了解其性格特征的方法。这种方法一般用来收集资料,对研究人的性格具有辅助性的意义。

个案法是通过收集一个人的家庭历史、社会关系、个人的成长史等多方面资料,来分析和了解其性格特征的方法。

（二）测验法

测验法是用标准化测验测定性格特征的方法,主要包括自陈法和投射法。

自陈法也称问卷法,一般是让被试按一定标准化程序和要求一次回答问卷中的大量问题,最后根据测验分数和常模来推知被试属于哪种性格类型。常用的有以下几种:

卡特尔16种人格因素问卷(简称16PF),根据卡特尔提出的16种根源特质编制而成,共有187个题目,适用于具有阅读能力的16岁以上的成人。卡特尔等人后又设计了分别适用于中学生、小学生、学前儿童的三个个性问卷。

明尼苏达多项人格调查表(简称MMPI),是由美国明尼苏达大学的两位教授编制,共566个题目,包括14个分量表。它可以测量人格的各个特征,也可以鉴别癔症、强迫症、精神分裂症、抑郁症等。

艾森克人格问卷(简称EPQ),是由英国心理学家艾森克(H. J. Eysenck)等人编制。该问卷有适用于7—15岁儿童和16岁以上成人两个版本。每个问卷包括四个分量表,即精神质量表、内外倾量表、情绪稳定性量表和效度量表。

Y—G性格检查表,是由美国心理学家吉尔福德等人编制。该量表由120个题目组成,包括12个分量表,适合用于7岁以上的正常人。

此外,也可以采用投射法对个体的性格进行评定。所谓投射法就是利用某些材料(一般是意义模糊的刺激),要求被试对刺激材料进行解释,让他们在不知不觉中将自己的思想、态度、愿望和情感泄露出来,从而确定其性格特征。最常用的投射测验有主题统觉测验(简称TAT)和罗夏墨迹测验。

主题统觉测验由美国心理学家默瑞所创制。它由30幅图像和一张空白卡片组成。图像多是人物,也有一部分风景。每幅图像都相当模棱两可,可以做种种不同的解释。但被试所编的故事必须包括四个方面的内容:①图片中故事发生的情景;②图片中故事发生的原因;③图片中故事发生的结果;④自己的感受。主试根据被试对当前知觉图片所编的故事对其性格作出鉴定。

三、教师的职业人格

教师的职业人格是在特定的教育世间情境中形成和发展起来的,并在其中表现出独特的职业特征。有人归纳了教师职业人格的四大特殊性①。

首先,表现为教师职业人格具有形象典范性:所谓教师职业人格形象,指的是教师通过自己的生命活动表现在实际职业生涯中客观存在的式样,它是一名教师职业素养及职业品性的外现,教师的教育职业决定了教师职业人格形象的典范性,教师在教育劳动中表现出来的职业素养和职业精神,在很大程度上影响着青少年一代的道德风貌,同时,教师的教育劳动是以人类历史上最先进的思想影响和塑造新生一代,引导其健康成长,使之成为高尚的和社会所需要的人为其根本的价值取向,不同时代和不同阶级总是对教师的职业人格提出很高的要求,所以,教师要履行培育社会人才的神圣职责,必然要求教师自身的职业人格有较高的水准,成为"人之楷模,生之表率"。

其次,表现为教师的职业人格具有角色的复合性:教师职业人格角色,是由教师在复杂的社会关系和社会结构中的特定地位特定身份所决定的,它客观地规定了教师的活动范围应承担的义务能享受的权利及行为方式等。近年来运用社会心理学的角色理论对教师的职责和人格特征的研究认为,社会、学校、家长和学生赋予教师多种多样的职责功能,教师应该是模范的公民和学习者、学生健康心理和良好人格的塑造者、主动反思与研究者家长的代理人、社会心理学家等,从中可以看出,任何一种职业也没有像教师这样受到来自社会各个方面的期望和要求的约束。因此,对于从事这一职业的教师而言,在承载着社会不同方面的期望和要求下,必须在自己的职业实践领域成功扮演多重角色,并在其中展示着丰富的职业人格魅力。

其三,表现为教师职业人格影响的渗透性:教师优秀的职业人格对于学生人格的形成具有潜移默化的教育作用,是学生直接学习的丰富的教育资源,也是一种最有效的潜在的隐性的教育力量。青少年时期是学生人格形成的重要阶段,在模仿和学习中形成自己的人格是这一年龄阶段最鲜明的特点,"度德而师之",青少年往往把职业人格优秀的教师作为学习的榜样而加以模仿。教师优秀的职业人格,通过教育、教学的互动过程,耳濡目染、潜移默化的影响,逐渐内化为学生自身的人格。所以,教育向来就是以人格造就人格的事业,教师的言行所体现的人格会对学生产生直接的影响,可以润物无声地渗透到众多学生的灵魂深处,甚至可以在学生一生的成长中体现出来。

其四,教师职业人格形成的观念性:教育观念是教师在长期的教育教学工作中,经过自己的理性思考而形成的关于教育的信念,是教师从事教育活动的潜在指导思想。教师的职业人格的形成和发展,是以教师个人化的教育观念为基础和前提的。一般而言,教师对驾驭有什么样的理解,就会把这种理解带进自己的教育实

① 王聿波. 以身立教:论专业化视野中教师的职业人格及其养成[J]. 中国成人教育,2008(11):84-85.

践,从而表现出具有个性化的职业人格。

四、MBTI 理论及测试

关于人格类型的理论目前已有很多,但 MBTI 人格理论类型是当前国际范围内最权威、使用最普遍的理论。MBTI 人格理论源于瑞士著名心理学家卡尔·荣格(Carl G. Jung)1920 年提出的心理类型理论,后来经 Katharine Cook Brings 与 Isabel Briggs Myers 的研究和发展,并将其命名为"梅尔斯——布瑞格斯心理类型指标(MBTI)"。该指标揭示了一个人深层的"本我""真实的我"以及最本能、最自然的思维、感觉、行为模式,而不是在别人面前所表现出来的表面的人格特征。该量表包括四个维度,每个维度由对立的两极构成:外向——内向;感觉——直觉;思维——情感;判断——知觉。

外向——内向(extraversion_introversion,简称 E_I)指我们与世界相互作用的方式和能量的疏导方式。外向型的人心理能量指向外部世界,与他人在一起的时候感到兴奋,希望成为注意的焦点,愿意与他人共享个人信息,先行动后思考;内向型的人心理能量指向内部世界,喜欢独处,不愿意成为注意的焦点,只与少数人共享个人信息,先思考后行动。

感觉——直觉(sensing_intrition,简称 S_I)是指接收信息的方式。感觉型的人注意和留心事物的细节,用感官接收信息;直觉型的人相信灵感,整体上看事物。

思维——情感(thinking_felling,简称 T_F)指作决策的方式。思维型的人崇尚逻辑、公正,通过事实和数据作出决策,很少把个人感情牵涉进入;情感型的人通过个人的价值观和感受作出决定,注重人际和睦。

判断——知觉(judging_perceiving,简称 J_P)指日常生活方式。判断型的人先工作后玩,确立目标并按时完成,注重结果,通过完成任务获得满足;知觉型的人如果有时间就会先玩后工作,有新情况时便会改变目标,注重过程,通过接触新事物获得满足。

四个维度各取一个向度便可组成以下 16 种人格类型,见表 3-1。

表 3-1 梅尔斯——布瑞格斯心理类型指标的人格类型

ISTJ	ISFJ	INFJ	INTJ
ESTP	ESFP	ENFP	ENTP
ISTP	ISFP	INFP	INTP
ESTJ	ESFJ	ENFJ	ENTJ

每个人的人格都在四种维度相应分界点的这边或那边,我们称为"偏好"。例如,如果你落在外向的那边,称为"你具有外向的偏好";如果你落在内向的那边,称

为"你具有内向的偏好"。在现实生活中,每个维度的两个方面你都会用到,只是其中的一个方面你用得更频繁、更舒适,就好像每个人都会用到右手和左手一样,只是有的人习惯用右手,有的人习惯用左手。同样,一个人的人格类型就是指你用得最频繁、最熟练的那种。上述 16 种人格类型又可以划分为四大类,即 SJ 型、SP型、NT 型、NF 型。①

1. SJ 型——忠诚的监护人

具有 SJ 偏好的人的共性是有很强的责任心和事业心,他们忠诚于事业,按时完成任务,推崇安全、礼仪、规则和服从,他们被一种服务于社会需要的强烈动机所驱使。他们坚定,尊重权威和等级制度,持保守的价值观。他们充当着保护者、管理员、稳压器、监护人的角色。大约有 50% SJ 偏好的人为政府部门及军事部门的职务所吸引,并且显现出卓越成就。其中在美国执政过的 41 位总统中有 20 位是SJ 偏好的人,如乔治·布什、乔治·华盛顿等。

2. SP 型——天才的艺术家

有 SP 偏好的人具有冒险精神,反应灵敏,在任何要求技巧性强的领域中游刃有余,他们常常被认为是喜欢活在危险的边缘寻求刺激的人。他们为行动、冲动和享受现在而活着,约有 60% SP 偏好的人喜欢艺术、娱乐、体育和文学,被赞誉为天才的艺术家。著名歌星麦当娜、音乐家莫扎特都是具有 SP 人格特点的人物。

3. NT 型——科学家、思想家的摇篮

具有 NT 偏好的人有着天生的好奇心,喜欢梦想,有独创性、创造力、洞察力,有兴趣获得新知识,有极强的分析问题、解决问题的能力。他们是独立的、理性的、有能力的人。人们称 NT 型是科学家、思想家的摇篮,大多数 NT 类型的人喜欢物理学、研究、管理工作、电脑技术、法律、金融、工程等理论性和技术性强的工作,如达尔文、牛顿、爱迪生、瓦特、爱因斯坦、比尔盖茨等。

4. NF 型——理想主义者

有 NF 偏好的人在精神上有极强的哲理性,他们善于言辩,充满活力,有感染力,能影响他人的价值观并鼓舞其激情。他们帮助别人成长与进步,具有煽动性,被称为传播者和催化剂,约有一半的人在教育界、文学界、宗教界、咨询界以及心理学、文学、音乐等行业显示着他们的非凡成就,如毛泽东、列宁、甘地等。

个体对于事情作出行为的偏向会在很大程度上影响个体的工作风格和行为模式,对于自己职业人格的了解,能够帮助教师了解自己与世界相互作用的方式:是外向的还是内向的;获取信息的方式,是感觉型的还是直觉型的;对事情作出决策的方式,是思考型的还是情感型的;我们做事的方式,是判断型的还是知觉型的。如有的时候,我们面对班级中同学大吵大闹的情况,有的老师会一上去就一顿批评,有的老师会思考到底是什么原因导致学生大吵大闹,有的老师感觉无法忍受学

---

① 唐宜荣.大学生职业生涯规划与就业指导[M].湖南:湖南师范大学出版社.2007:44.

生的欺骗,第一时间就批评学生,而有的老师不会。这当然有师德的影响,但我们认为,导致这些老师不同行为方式的更重要原因是这些老师具有不同职业人格,所以他们对世界作出反应的方式不同。接下来,通过测试,帮助老师们了解一下自己的职业人格,从而,帮助您更好地解释日常生活。

小测试

MBTI 测试问卷

指导语:

本问卷中的所有问题都取自于人们的日常生活,你的回答只是表明你通常是如何看待和处理事物的。所有问题都无所谓对错,更无好坏之分。

请仔细阅读问卷,并选出一个答案,把你选择的序号写在右边的答案框里。你在答题时不必对每道题多加考虑,只要按感觉判断进行作答即可。

请注意:每道题都要作答,尽管有些题目不适合你! 同时,测验中有测谎的题目,如果发现你没有诚实回答,整个问卷作废。

申明:请如实填上你的基本信息,我们将对此保密!

1. 我倾向从何处得到力量:

(E)别人。

(Ⅰ)我自己的想法。

2. 当我参加一个社交聚会时,我倾向有更多的力气:

(E)在夜色很深时,一旦我开始投入,也许就是最晚离开的那一个。

(Ⅰ)在夜晚开始的时候,我就疲倦了并且想回家。

3. 下列哪一种听起来比较吸引人?

(E)与我的情人到有很多人且社交活动频繁的地方。

(Ⅰ)待在家中与我的情人做一些特别的事情,比如说观赏一部有趣的录像带并享用我最爱的外带食物。

4. 在约会中,我通常:

(E)整体来说蛮健谈的。

(Ⅰ)较安静并保留,直到我觉得舒服。

5. 过去,我倾向遇见我大部分情人:

(E)在宴会中、夜总会、工作上、休闲活动中、会议上或当朋友介绍我给他们的朋友时。

(Ⅰ)通过私人的方式,如个人广告、录像约会或是由亲密的朋友和家人介绍。

6. 我倾向拥有:

(E)很多认识的人和很亲密的朋友。

(Ⅰ)一些很亲密的朋友和一些认识的人。

7. 过去,我爱的人和情人倾向于对我说这些:

(E)你难道不可以安静一点吗?

(Ⅰ)可以请你从你的世界中出来一下吗?

8.我倾向于通过以下方式收集信息:

(N)我对有可能发生之事的想象和期望。

(S)我对目前状况的实际认知。

9.我倾向于相信:

(N)我的直觉。

(S)我直接的观察和现成的经验。

10.当我置身于一段关系中时,我倾向于相信:

(N)永远有进步的空间。

(S)若它没有被破坏,别修补它。

11.当我对一个约会觉得放心时,我倾向于谈论:

(N)未来,关于改进或发明事物,和生活的种种可能性。例如,我也许会谈论一个新的科学发明,或一个更好的方法来表达我的感受。

(S)实际的,具体的,关于此时此地的事物。例如,我也许会谈论品酒的好方法,或我即将要参加的新奇旅程。

12.我是这种人:

(N)喜欢先看整个大局面。

(S)喜欢先拿捏细节。

13.我是这种型的人:

(N)与其活在现实中,我宁愿选择活在我的想象里。

(S)与其活在我的想象里,我宁愿选择活在现实中。

14.我通常:

(N)偏向于去想象一大堆关于即将来临之约会的事情。

(S)偏向于拘谨地想象即将来临的约会,只期待让它自然地发生。

15.我倾向于如此作决定:

(F)首先依我的心意,然后依我的逻辑。

(T)首先依我的逻辑,然后依我的心意。

16.我倾向于比较能够察觉到:

(F)当人们需要情感上的支持时。

(T)当人们不合逻辑时。

17.当和某人分手时。

(F)我通常让自己的情绪深陷其中,很难抽身而出。

(T)虽然我觉得受伤,但一旦下定决心,我会直截了当地将过去恋人的影子甩开。

18.当与一个人交往时,我倾向于评量:

(F)情感上的兼容性:表达爱意和对另一半的需求很敏感。

(T)智能上的兼容性:沟通重要的想法,客观地讨论和辩论事情。

19.当我不同意我情人的想法时:

(F)我尽可能地避免伤害对方的感受;若是会对对方造成伤害的话,我就不会说。

(T)我通常毫无保留地说话,并且对我的情人直言直语,因为对的就是对的。

20.认识我的人倾向于形容我为:

(F)热情和敏感。

(T)逻辑和明确。

21.我把大部分和别人的相遇视为:

(F)友善及重要的。

(T)另有目的。

22.若我有时间和金钱,我的朋友邀请我到国外度假,并且在一天前才通知,我会:

(J)必须先检查我的时间表。

(P)立即收拾行装。

23.在第一次约会中,我:

(J)若我所约的人来迟了,我会很不高兴。

(P)一点都不在乎,因为我自己也常常迟到。

24.我偏好:

(J)事先知道约会的行程:要去哪里、有谁参加、我会在那里多久、该如何打扮。

(P)让约会自然地发生,先前不作太多的计划。

25.我选择的生活循环着:

(J)日程表和组织。

(P)自然发生和弹性。

26.哪一项较为常见:

(J)我准时出席,而其他人迟到。

(P)其他人都准时出席,而我迟到。

27.我这样喜欢……的人:

(J)下定决心并且作出最后肯定的结论。

(P)开放我的选择并且持续收集信息。

28.我是这类型的人:

(J)喜欢在一个时间里专心于一件事情直到完成。

(P)享受同时进行好几件事情。

测试答案:

针对以上7组问题,把答案加总并且把每项选择的数目放入以下适合的横线上。然后把每一组得分较高的数目圈起来。

测试者的人格典型：

与世界的作用方式	得　分	获取信息方式	得　分	决策方式	得　分	做事方式	得　分
I		S		T		P	
E		N		F		J	

每一对中那些得分较高的字母代表测试者四种最强的偏好,当它们合并起来时,将决定测试者的人格典型。例如,记者型(ENFP)、公务员型(ISTJ),或是人格典型16类型中的任何一类,完全看那四个字母的组合。

测试者的偏好极强或适中：

如果在所偏好的字母上之得分是四,那表示这个偏好是中度的。得五分或六分表示渐强的偏好。而七分则代表非常强烈的偏好。例如,在(E)上得了七分,代表测试者是一个非常外向的人。喜欢花很多时间和其他人在一起,同时比一般人都要享受说话的乐趣。

另一方面,若测试者在(E)上得了四分,则表示他对外向的偏好是适中的。这表示他大概比一般典型的内向型(I)外向和健谈,但同时却比一个强烈的外向型(E)保守和内敛。

这样的区别,在开始于第二部分中检视他的人格典型组合时会变得很重要。有些人格典型配对,会在其中一个伴侣在某个偏向上是适中时呈现出最佳状态;然而在另一些配对中,伴侣偏好的强度并不重要。

简述16种人格分析如下：

感观型(I)

ISTJ 型

严肃、少言、精力集中,通过全面性和可靠性获得成功。注重实践、有秩序、实事求是、有逻辑、现实、值得信赖。他们自己决定该做什么并不愿反对和干扰,并坚定不移地朝着目标前进,不易分心。喜欢将工作、家庭和生活都安排得井井有条,重视传统和忠诚。

ISFJ 型

少言、友善、有责任感和良知。坚定地致力于完成他们的义务。可以使任何项目和群体更加稳定、忠诚、体贴、周到、刻苦、精确,他们的兴趣通常不是技术性的。有洞察力,能对必要的细节有耐心,关心他人的感受。努力把工作和家庭环境营造得有序而温馨。

INFJ 型

沉静地坚强、责任心强、关心他人、富创造力,坚持自己的价值观,全力投入自己的工作。因其坚定的原则而受尊重。寻求思想、关系、物质等之间的意义和联系。希望了解什么能够激励人,对人有很强的洞察力。对于怎样更好地服务大众有清晰的远景,别人可能会尊重和追随他们。在目标的实现过程中有计划而且果断坚定。

INTJ 型

具有创造性的思想,并大力推动他们自己的主意和目标。目光远大、能很快洞察到外界事物间的规律并形成长期的远景计划。一旦决定做一件事就会开始规划并直到完成为止。在吸引他们的领域,他们有很好的能力去组织工作并将其进行到底。不轻信,具批判性、独立性,有决心,对于自己和他人的能力和表现要求都非常高。

ISTP 型

ISTP 型是个安静的观察者,只要有问题发生,就会马上行动。自制、以独有的好奇心和出人意料的有创意的幽默,观察和分析生活。分析事物运作的原理,对于原因和结果感兴趣,能从大量的信息中很快地找到关键的症结所在,用逻辑的方式处理问题,重视效率。

ISFP 型

羞怯、友善、敏感、和谐、谦虚看待自己的能力。不喜欢争论和冲突,不将自己的观点和价值观强加于人。喜欢有自己的空间,喜欢按照自己的时间表工作。一般来说,无意于做领导工作,但对于自己的价值观和自己觉得重要的人非常忠诚,有责任心。他们享受眼前的乐趣,所以事情做完后,经常松懈而不愿让过度的紧迫和费事来破坏这种享受。

INFP 型

沉稳的观察者、理想主义、忠实、希望外部的生活和自己内心的价值观是统一的。有求知欲,很快能看到事情的可能性,能成为实现想法的催化剂。只要某种价值观不受到威胁,他们都善于适应、灵活、善于接受。愿意谅解别人并了解充分发挥人潜力的方法。对财富和周围的事物不太关心。

INTP 型

安静、内向、灵活、适应力强。喜欢理论性的和抽象的事物,热衷于思考而非社交活动。对于自己感兴趣的领域有超凡的集中精力和深度解决问题的能力。谋求他们的某些特别的爱好能得到运用的那些职业。多疑,有时会有点挑剔,喜欢分析。

直觉型(E)

ESTP 型

擅长现场解决问题,注重当前,自然不做作。喜欢行动,不喜欢多加解释。对任何的进展都感到高兴。往往喜好机械的东西和运动,享受和他人在一起的时刻。善应变、容忍、重实效,注重结果,觉得理论和抽象的解释非常无趣。最喜好能干好、能掌握、能分析、能合一的交际事物。学习新事物最有效的方式是通过亲身感受和练习,喜欢物质享受和时尚。

ESFP 型

开朗、随和、友善、接受力强。热爱生活、人类和物质上的享受。喜欢和别人一起将事情做成功。喜欢行动并力促事情发生。他们了解正在发生的事情并积极参与。在工作中讲究常识和实用性，并使工作显得有趣。在需要丰富的知识和实际能力的情况下表现最佳。灵活、自然不做作，对于新的任何事物都能很快地适应，学习新事物最有效的方式是和他人一起尝试。

ENFP 型

热情洋溢、极富朝气、机敏、富于想象力，认为人生有很多的可能性。能很快地将事情和信息联系起来，然后很自信地根据自己的判断解决问题。常常依据他们自己的能力去即席成事，而不是事先准备。几乎能够做他们感兴趣的任何事情，对任何困难都能迅速给出解决办法。总是需要得到别人的认可，也总是准备着给与他人赏识和帮助。经常能为他们想做的任何事情找到令人信服的理由。灵活、自然不做作，有很强的即兴发挥的能力，言语流畅。

ENTP 型

敏捷、睿智、有发明天才，擅长于许多事情。有激励别人的能力、机警、直言不讳。可能出于逗趣而争论问题的任何一个方面。在解决新的、具有挑战性的问题时机智而有策略，不喜欢例行公事，很少会用相同的方法做相同的事情，易把兴趣从一点转移到另一点。能够轻而易举地为他们的要求找到合乎逻辑的理由。善于找出理论上的可能性，然后再用战略的眼光分析。善于理解别人。

ESTJ 型

实际、现实主义、果断、迅速行动起来执行决定。由于有天生的商业或机械学头脑，所以对抽象理论不感兴趣。善于将项目和人组织起来将事情完成，并尽可能用最有效率的方法得到结果，在实施计划时强而有力。喜欢组织和参与活动，通常能做优秀的领导人。注重日常的细节，有一套非常清晰的逻辑标准，有系统性地遵循，并希望他人也同样遵循。

ESFJ 型

热心、健谈、受欢迎、有责任心、天生的合作者、积极的委员会成员。要求和谐并可能长于创造和谐，并为此果断地执行。喜欢和他人一起精确并及时地完成任务。事无巨细都会保持忠诚。能体察到他人在日常生活中的所需并竭尽全力帮助。在得到鼓励和赞扬时工作最出色。主要的兴趣在于那些对人们的生活有直接和明显影响的事情。

ENFJ 型

敏感、热情、为他人着想、有责任心。真正地关心他人的所想所愿。善于发现他人的潜能，并希望能帮助他们实现。处理事情时尽量适当考虑别人的感情。能成为个人或群体成长和进步的催化剂。能提出建议或轻松而机智地领导小组讨论。喜社交、受欢迎、有同情心。对表扬和批评敏感。

ENTJ 型

直率、果断、有天生的领导能力。能很快看到公司/组织程序和政策中的不合理性和低效能性，发展并实施有效和全面的系统来解决问题。善于做长期的计划和目标的设定,善于寻找论据和公开演讲。通常见多识广,博览群书,喜欢拓广自己的知识面并将此分享给他人。在陈述自己的想法时非常强而有力。

做完了人格测试,老师们能否结合实际来看看自己的日常行为呢?

你的人格类型	日常行为的验证	还有疑问吗?
I 还是 E		
S 还是 N		
T 还是 F		
P 还是 J		

实践与反思

你的职业人格为＿＿＿＿＿＿＿＿＿＿＿＿＿

反思:哪些行为是这些人格的反映?

＿＿＿＿＿＿＿＿＿＿＿＿＿＿＿＿＿＿＿＿＿＿＿＿＿＿＿＿＿＿＿＿＿＿＿＿＿＿＿

＿＿＿＿＿＿＿＿＿＿＿＿＿＿＿＿＿＿＿＿＿＿＿＿＿＿＿＿＿＿＿＿＿＿＿＿＿＿＿

＿＿＿＿＿＿＿＿＿＿＿＿＿＿＿＿＿＿＿＿＿＿＿＿＿＿＿＿＿＿＿＿＿＿＿＿＿＿＿

＿＿＿＿＿＿＿＿＿＿＿＿＿＿＿＿＿＿＿＿＿＿＿＿＿＿＿＿＿＿＿＿＿＿＿＿＿＿＿

我能不能做得更好?

＿＿＿＿＿＿＿＿＿＿＿＿＿＿＿＿＿＿＿＿＿＿＿＿＿＿＿＿＿＿＿＿＿＿＿＿＿＿＿

＿＿＿＿＿＿＿＿＿＿＿＿＿＿＿＿＿＿＿＿＿＿＿＿＿＿＿＿＿＿＿＿＿＿＿＿＿＿＿

＿＿＿＿＿＿＿＿＿＿＿＿＿＿＿＿＿＿＿＿＿＿＿＿＿＿＿＿＿＿＿＿＿＿＿＿＿＿＿

小贴士

塑造理想的教师人格

教师的人格境界,是指教师在一定的人生价值观的指导下,在学识技艺、智慧等方面实际达到的人格水平。在我国教师人格修养中,存在以下三个层次的人格境界。

1. 职业境界

有不少这样的教师,就其学识、技艺、智慧等方面的人格水平来说,只是达到了一种职业水平,也就是说只是一种职业境界。处于这种境界的教师,人们往往称其为"教书匠",我们这里称其为"经师"。

他们传授知识的特征多是灌输式的,他们唯上、唯书、唯教参,缺乏主见和创新精神,课堂教学墨守成规,不敢越雷池一步,上课的注意中心都是知识。据一份抽样调查,当前80%左右的中小学教师属知识型教师。一位资深教师坦言:"如果离开了教学参考书,至少有80%的教师写不好教案上不好课;离开了课堂同步练习,至少有85%的教师出不好练习题;离开了标准化试题,至少有90%的教师命不好试题;要离了统编教材,至少有95%的教师不知道怎样给学生上课。"①

这样的教书匠,在传授有效知识的同时往往还传授无效知识。他们往往传授那些学生通过阅读就能看懂的课本知识,这等于浪费学生的时间,剥夺了学生独立学习的机会,阻碍了学生自学能力的发展,抑制了学生学习的主动性和积极性。

这样的教书匠,在传授真知的同时往往还传授假知。所谓传授假知,是指教师所教知识只知其然而不知其所以然,即没有完全吃透和内化教学内容,表现为教师不能用自己的语言或贴近学生生活实际的语言来讲授知识,在教学方法上就是典型的照本宣科,这是导致学生机械学习的直接原因。这样的教师教出的学生只能是机械模仿、不求甚解、死记硬背、生吞活剥、唯书唯师、缺乏创新。通过这种学习,学生得到的只是一大堆机械的、孤立的知识。当然他们也传授了一些真知,即教师理解、消化了的教学内容,并达到了熟练的地步,但却是"匠心有余,灵气不足"。因为熟练可以靠简单的重复而获得,只需要时间和力气,无需更多的智慧和创造。这种熟练只是一种按部就班的动作,它不仅没有升华为熟能生巧的境界,反倒使教师因为思维一次又一次在旧存的轨道上运行而导致教学能力的退化,致使教学变成一种形式上的教学。这种教学的特点是:重知识,轻能力;重学习结果,轻学习过程;重获得知识本身,轻获得知识的方法。其结果只能培养出适应应试需要的高分低能的学生。

这些职业境界的经师特点是,比学生先懂得某方面的知识或比学生懂得更多的知识,这种知识属记问之学,他所能做到的就是把知识灌输给学生。

2. 专业境界

也有一些这样的教师,就其学识、技艺、智慧等方面的人格水平来说,已经达到了一种专业水平,也就是他们已经达到了一种专业境界。处于这种境界的教师,人们往往称其为智慧型教师,我们这里称其为"能师"。

这种教师素质较高,其特点是术业有专攻,对学术、专业有专门的研究,不仅有学问,而且具有教育智慧。他们在传授知识的过程中,经常闪现智慧的火花,使学生从中受到熏陶、感染、启迪,并有所感悟,从而逐步地提高觉悟、增长智慧,变得越来越聪明。

达到专业境界的能师对所教学科内容钻得深悟得透,讲起课来简单明了,常是一语破的、一语解惑、一语启智、一语激情,这是一种智慧、一种艺术、一种功夫、一种水平、一种境界。能师对教材常有真知灼见,于平凡中见新奇,发人之所未发,见人之所未见。他们的课如一首诗、一幅画,学生听这样的课就像是在独享一片风景。能师不仅是某一门学科区域的专家,也是博览群书的饱学之士。他们讲起课来纵谈古今、横贯中西、旁征博引、妙趣横生。学生在这样的课堂上,如同进入一个辽阔甚至可以嗅到芬芳的知识王国,使其流连忘返。

能师在教学方法上总是运用启发式,他们常用自己的灵性启迪学生悟性。他们善于激疑布惑,诱导学生向未知领域探幽析微,把学生带出"山重水复疑无路"的困

① 王荣德. 教师人格论[M].北京:科学出版社,2001:238.

境,然后或抛砖引玉,或画龙点睛,或点拨指示,或取喻明理,使学生突见"柳暗花明",豁然开朗。能师在教学实践活动中遇到偶然性问题和突发的意外情况,总能灵感闪现,机动灵活地加以处理,表现出一种教育机智。能师在教学中常常身怀绝招,对某种教学技艺达到了炉火纯青的地步,这是一种令人叹为观止甚至无人相比的境界。

能师是其敬业、乐业、长期不断追求和自觉探索的结果。

能师的特点就是对学术、专业有专门的研究。他们总是从研究的角度从事教学工作,他们不断发现问题、思考问题、研究问题,从而不断地增长自己的思考力、感悟力,不断提炼新见解、新观点,从而全面提高自己的学术水平和教育智慧。

能师的另一个特点是勤奋。可以说,所有能师都是在勤奋的道路上成长起来的。

能师还有一个特点是重视交流。勤奋出智慧,交流也能出智慧,能师常常是到处参观学习,善于博采众家之长为我所用,这也是走向成功的一条捷径。

3.事业境界

事业境界是教师人格修养的最高境界,达到事业境界的教师我们称之为"人师"。

"经师易得,人师难求。"因为经师只管教书,人师还要育人,还要以其高尚的人格塑造学生的人格,人师这种人格对学生心灵的影响深刻且久远。

人师达到了高于教材并超越教材的境界,能给学生远比教材多得多的东西。人师对学生的心理了如指掌,能以高度娴熟的教学技巧和机智,灵活自如、出神入化地带领学生在知识的海洋中遨游,用自己的知识丰富学生的知识。更可贵的是,人师能在教学实践中用自己高尚的思想品格熏陶感染学生的思想品格,用自己的智慧启迪学生的智慧,用自己的情感激发学生的情感,用自己的意志调节学生的意志,用自己的个性影响学生的个性,用自己的心灵呼应学生的心灵,用自己的灵魂铸造学生的灵魂,用自己的人格塑造学生的人格。

人师的教学已经进入了最高的境界,即不教之教。不教之教是指其教的内容已不是书本本身的事实知识,而是无法物化在书本中的一种人生智慧。人生智慧是一种心灵的彻悟,是一种有美感体验的豁然洞见。事实知识是"硬性"的,人生智慧是"软性"的,这种软性的东西无法通过言传口授、耳提面命,更无法"手把手"教出来。不教之教的最大特点是返璞归真,它没有明确的教育组织、没有明确的教学环节,它抽象不出一种大家都能效仿的普遍的模式。这种不教之教一般来说是靠三种方式进行的:一是靠以身作则,即靠自身的榜样的教育力量,以直觉的、形象的、具体的形式非常自然地作用于学生,使学生在不知不觉中受到潜移默化的陶冶;二是靠交流对话,即以一个参与者的身份和学生进行平等的对话,使学生在轻松愉快中,在赏心悦目中学到知识、获得教育;三是自我教育,即让学生以自我教育做基础,教师以高层次、高水平的教育促进学生发展,同时使教师在教育学生的过程中也进行自我教育,这便是真正意义上的教学相长。

如果说能师是教师群体中的佼佼者,那么人师便是教师群体中的精英。人师的学识、智慧、人格,像花的芬芳、酒的醇香,令人回味悠长。

现代教师人格塑造的途径和方法主要有以下四种:

(1)强化教师意识。教师意识是指教师对自己的教师身份,对自己在社会生活中的地位和作用,以及对自己的言行举止在学生中的影响的认识。不断强化教师意识,有助于发掘塑造动力和进行有效的自我监督。

首先,要强化"我是人民教师"的意识。教师是负有神圣职责的崇高职业,时刻不忘自己是一位"人民教师",就会不断激励和鞭策教师忠诚于党的教育事业,履行教师的职责。

其次,要意识到自己的言行举止对学生的影响。苏联教育家加里宁说:"教师的世界,他的品行、他的生活、他对每一现象的态度都这样或那样地影响着全体学生。但还不仅如此,可以大胆地说,如果教师很有威信,那么这位教师的影响就在某些学生身上永远留下痕迹。"因此,教师要在学生中树立良好的形象和提高教师威信,就必须清醒地意识到自己言行举止对学生的影响,敏感地接受来自学生的信息反馈,严格积极进行有效的自我监督。

再次,教师要掌握自己的个性特点,自觉培养自制能力。教师的个性心理品质千差万别,且难以达到尽善尽美。因此,要掌握自己的个性特点努力塑造有利于教师人格形成的个性心理品质。所谓培养自制能力,就是重视培养自己的自我控制和自我调节能力。自制能力是教师步入更高人格境界不可缺少的意志品质。

(2)认真学习理论。认真学习理论,是为了明确塑造方向。

首先,要学习马克思主义、毛泽东思想、邓小平理论,此外,还要学习丰富的自然科学和社会发展规律的知识。

其次,要学习现代教师人格理论。现代教师人格理论阐述了教师个人利益与社会、集体利益的关系,揭示了教师人格形成和发展的规律,指明了教师人格发展的趋势和新境界。

再次,要向优秀教师学习。优秀教师的实践是教师人格理论的具体化,具有鲜明、生动、形象的特点。他们的先进思想和模范事迹,可见可信,具有较强的榜样感染力。虚心向优秀教师学习,往往可以对教师人格塑造产生更具体的激励和导向作用。

(3)投身教育实践。投身教育实践可以积累对教师人格情感的体验,这是完成塑造教师人格全过程的关键。一方面,教师只有投身于教育实践中,才能与人、与社会发生关系,了解人与人之间的各种相互关系;才能不断积累情感体验。提高教师人格意识水平,并形成相应的行为和习惯。另一方面,教师只有投身教育实践,才能暴露出个人人格在某些方面的不足,以便于在实践中克服和纠正,使自己更加趋于完善。如果理论脱离实践,言行不一,则会出现"双重人格"。事实表明,只有活生生的教育实践活动才能促使教师把理论认识转化为内心深处的真情实感,并形成稳定倾向的行为习惯。

教育实践是检验教师人格塑造的标准。要检验教师人格塑造有无成效以及成效大小,以什么为标准呢?这个标准只能是实践,如果没有实践就根本无法进行客观评价。虽然教师人格塑造有一定的原则和要求，但付诸实践后情况就很复杂了。比如在师生关系上，教师要了解、尊重学生，说起来简单明确，但实际上怎样做、做得怎样、具体的标准是什么，只有通过对教育实践效果的考查，才能逐步作出客观的评价。

（4）不断自我激励。自我激励就是教师在自我认识的基础上，鼓励自己为达到更高教师人格水平而努力的过程。不断自我激励，可以加大教师人格的塑造力度，是教师进行人格塑造的重要保障。自我激励的具体与方法主要有以下几种。

①目标激励。教师在人格塑造中一般都有奋斗目标，它是教师的职业理想，是教师如何做人的一面旗帜，它会给教师指明前进的方向，是教师生活中的精神支柱。在塑造教师人格的过程中用目标进行激励，随时可以给自己力量，可以不断推动和鼓舞教师朝着既定的奋斗目标前进。

②成果激励。成果激励是通过总结成功经验来激励自己进取的方法。任何教师在积极进行教师人格塑造的过程中都会取得一定的成果，这批成果一方面通过学生的健康成长和社会各方面的肯定评价反映出来；另一方面也可以从自身心理上的满足、欣慰和幸福感中反映出来。这些都会转化为精神动力。进一步激发和鼓舞教师去争取更大的收获。因此，不断总结经验、肯定成绩、增强信心，也是进行教师人格塑造的一种好方法。

③反思激励。反思激励也是一种塑造教师人格的方法。它是指当教师在塑造自己健康人格的进程中遇到困难或挫折时要进行反思，从而提高自己抗挫折能力的一种行为。教师在人格塑造过程中，遇到困难和障碍，遭受挫折和失败，甚至还会因一些人的不理解或嫉妒而受到讥讽、误解或非难。在这时候，我们不能因此就消沉、抱怨、妥协和退缩，而应从挫折和失败的反思中，从克服困难和阻力的磨炼中，使自己更加成熟起来，这便是反思激励法。

④对比激励。现实生活中的教师，在人格水平的程度上必然存在差异。一般说来，每位教师都是既有优点又有缺点，既有长处又有短处。一位努力进行塑造的教师，不仅应当善于向优秀教师学习，而且还要善于向身边的教师学习，因为"三人行，必有我师"。向别人学习时，就要在与别人的对比中，寻找自己的不足和差距。这就要求我们能够正确对待别人、解剖自己。这也是进行教师人格塑造的一种方法。

当然，进行教师人格塑造的途径和方法不止这些具体运用还要因人而异，重要的是要在理论和实践的统一中不断探索，孜孜以求。

审视人类滔滔不息的历史长河，教育永远是一首谱写不完的诗篇和乐章，教师永远是教育事业和人类精神文明的重要创造者。教师理想的人格，像大海中的航标灯，激励着学生沿着正确的方向前进；教师理想的人格，像高山上的旗帜，引导着教师向人格塑造的高峰攀登。

（资料来源：刘素梅.教师的职业生涯与规划［M］.上海：华东师范大学出版社,2010.）

第三节　职业兴趣

生涯故事

一位教师参加工作已经两年了,师范类中文专业毕业,现任某中学的语文老师。这样的学历应该说是可以胜任这份教师的工作了。可是,在两年的教学过程中,她发现自己并不适合做老师。作为一名教师,她具备了相应的学历,但不具备教师应有的管理学生的能力,在课堂上调动学生积极性的能力亦不够。这种情况与她本身的人格大有关系,她人格内向文静,擅长文字表达但不擅长口头表达,这使她与学生之间的沟通也出现了不少问题,因此她所带的班级成绩并不理想,学校对其工作表现也不是很满意。

(资料来源:连榕.教师职业生涯发展[M].中国轻工业出版社.2008.)

从上面的故事中,我们发现这位教师虽然在学历上满足了作为一名教师的基本资格,但是在个性特征和能力模式上,显然相对于一名成功教师有很大的差距。这种兴趣和人格特征与职业的不匹配,将极大地影响教师职业生涯的成功和可持续发展。这一节,主要介绍职业兴趣与职业的匹配问题。

一、职业兴趣概述

兴趣是人们认识某种事物或从事某种活动时的心理倾向。兴趣的产生是由获得某方面的知识而在情绪体验上产生的倾向①。兴趣对人们的职业生涯具有重要的影响。首先,兴趣是最好的老师,它是一种强大的精神力量。当一个人对某种事物产生兴趣时,就能调动人们的积极性,从而对事物进行积极的感知和探索。反之,则不会取得预期的结果,无法使人的聪明才智得到充分发挥。其次,兴趣可以提高人的工作效率。当一个人对某项工作产生兴趣时,就可以以敏锐的洞察力、高度集中的注意力、丰富的想象和充沛的精力投入工作,工作效率也得到极大提高。据研究表明,当一个人对某一工作产生兴趣时,他就能发挥全部才能的80%～90%,而且能长时间保持高效率。反之,只能发挥其才能的20%～30%。再者,兴趣是促使成功的重要因素。浓厚的兴趣是智力开发的孵化器。兴趣是动力的源泉,当对工作感兴趣时,就愿意投入更多的时间和精力,也就更容易取得成就。因此,在进行职业选择时,要全面了解和把握自己的兴趣,俗话说"人各有所好",不

---

① 刘学景,丁木金.大学生职业生涯规划[M].山东:山东人民出版社,2010.

同的人有不同的兴趣,人们应该根据自己的兴趣特点选择适合自己的职业。

职业兴趣是指一个人想从事某种职业的愿望,即一个人力求从事某种职业的心理倾向①。职业兴趣可以说是职业和兴趣的有机结合,是兴趣在职业方面的表现。职业兴趣的发展一般要经历这样一个发展过程,即有趣(短暂、多变的兴趣)、乐趣(专一、深入的兴趣)、志趣(具有社会性、自觉性、方向性的兴趣)。古今中外,各行各业取得的成就都是人们兴趣产生的结果。罗素说:"我之所爱为我天职。"那么,我们应该如何了解自己的职业兴趣呢? 接下来跟随霍兰德教授去了解一下适合自己的职业兴趣吧!

二、霍兰德职业兴趣测评

职业兴趣是职业选择中最重要的因素,是一种强大的精神力量。职业兴趣测验可以帮助个体明确自己的主观性倾向,从而能得到最适宜的活动情境并给予最大的能力投入。根据霍兰德的理论,个体的职业兴趣可以影响其对职业的满意程度,当个体所从事的职业和他的职业兴趣类型匹配时,个体的潜在能力可以得到最彻底的发挥,工作业绩也更加显著。在职业兴趣测试的帮助下,个体可以清晰地了解自己的职业兴趣类型和在职业选择中的主观倾向,从而在纷繁的职业机会中找寻到最适合自己的职业,避免职业选择中的盲目行为(具体请见第二章第二节)。在本节中,我们主要介绍如何利用霍兰德职业兴趣测试,了解自己的职业兴趣。

体验练习

兴趣岛

假设你获得了一次免费度假游的机会,有机会去下列六个岛屿中的一个,唯一的要求就是你必须在这个岛上和岛上的岛民一起生活至少半年的时间。请不要考虑其他因素,仅凭自己的兴趣挑出你最想前往的三个岛屿。

A 岛	美丽浪漫的岛屿。岛上充满了美术馆、音乐厅,弥漫着浓厚的艺术文化气息。同时,当地的原住民还保留了传统的舞蹈、音乐与绘画,许多文艺界的朋友都喜欢来这里找寻灵感。
I 岛	深思冥想的岛屿。岛上人迹较少,建筑物多僻处一隅,平畴绿野,适合夜观星象。岛上有多处科博馆以及科学图书馆等。岛上居民喜好沉思、追求真知,喜欢和来自各地的哲学家、科学家、心理学家等交换心得。

---

① 孙文博,张弛.大学生职业生涯规划[M].北京:清华大学出版社,北京交通大学出版社,2010:40.

续表

C岛	现代、井然的岛屿。岛上建筑十分现代化,是进步的都市形态,以完善的户政管理、地政管理、金融管理见长。岛民个性冷静保守,处事有条不紊,善于组织规划。
R岛	自然原始的岛屿。岛上保留有热带的原始植物,自然生态保持得很好,也有相当规模的动物园、植物园、水族馆。岛上居民以手工见长,自己种植花果蔬菜、修缮房屋、打造器物、制作工具。
S岛	温暖友善的岛屿。岛上居民个性温和、十分友善、乐于助人,社区均自成一个密切互动的服务网络,人们多互助合作,重视教育,弦歌不辍,充满人文气息。
E岛	显赫富庶的岛屿。岛上的居民热情豪爽,善于企业经营和贸易。岛上的经济高度发展,处处是高级饭店、俱乐部、高尔夫球场。来往者多是企业家、经理人、政治家、律师等,衣香鬓影,夜夜笙歌。

查看结果:

六个岛屿代表着六种典型的职业生涯兴趣类型(其中,第一个是主要兴趣,第二、三个是辅助兴趣)。

A岛	艺术型(Artistic)
	共同特点:有创造力,乐于创造新颖、与众不同的成果,渴望表现自己的个性,实现自身的价值。做事理想化,追求完美,不重实际。具有一定的艺术才能和个性。善于表达、怀旧,心态较为复杂。
	典型职业:喜欢的工作要求具备艺术修养、创造力、表达能力和直觉,并将其用于语言、行为、声音、颜色和形式的审美、思索和感受,具备相应的能力。如艺术方面(演员、导演、艺术设计师、雕刻家、建筑师、摄影家、广告制作人),音乐方面(歌唱家、作曲家、乐队指挥),文学方面(小说家、诗人、剧作家)。不善于事务性工作。
I岛	研究型(Investigative)
	共同特点:思想家而非实干家,抽象思维能力强,求知欲强,肯动脑,善思考,不愿动手。喜欢独立的和富有创造性的工作。知识渊博,有学识才能,不善于领导他人。考虑问题理性,做事喜欢精确,喜欢逻辑分析和推理,不断探讨未知的领域。
	典型职业:喜欢智力的、抽象的、分析的、独立的定向任务,要求具备智力或分析才能,并将其用于观察、估测、衡量、形成理论、最终解决问题的工作,并具备相应的能力。如科学研究人员、教师、工程师、电脑编程人员、医生、系统分析员。

续表

	事务型（Conventional）
C 岛	共同特点：尊重权威和规章制度，喜欢按计划办事，细心、有条理，习惯接受他人的指挥和领导，自己不谋求领导职务。喜欢关注实际和细节情况，通常较为谨慎和保守，缺乏创造性，不喜欢冒险和竞争，富有自我牺牲精神。 　　典型职业：喜欢要求注意细节、精确度，有系统有条理，具有记录、归档、据特定要求或程序组织数据和文字信息的职业，并具备相应能力。如秘书、办公室人员、记事员、会计、行政助理、图书馆管理员、出纳员、打字员、投资分析员。
	实用型（Realistic）
R 岛	共同特点：愿意使用工具从事操作性工作，动手能力强，做事手脚灵活，动作协调。偏好于具体任务，不善言辞，做事保守，较为谦虚。缺乏社交能力，通常喜欢独立做事。 　　典型职业：喜欢使用工具、机器，需要基本操作技能的工作。对要求具备机械方面才能、体力或从事与物件、机器、工具、运动器材、植物、动物相关的职业有兴趣，并具备相应能力。如技术性职业（计算机硬件人员、摄影师、制图员、机械装配工），技能性职业（木匠、厨师、技工、修理工、农民、一般劳动）。
	社会型（Social）
S 岛	共同特征：喜欢与人交往、不断结交新的朋友、善言谈、愿意教导别人。关心社会问题、渴望发挥自己的社会作用。寻求广泛的人际关系，比较看重社会义务和社会道德。 　　典型职业：喜欢要求与人打交道的工作，能够不断结交新的朋友，从事提供信息、启迪、帮助、培训、开发或治疗等事务，并具备相应能力。如教育工作者（教师、教育行政人员），社会工作者（咨询人员、公关人员）。
	企业型（Enterprising）
E 岛	共同特征：追求权力、权威和物质财富，具有领导才能。喜欢竞争、敢冒风险、有野心、抱负。为人务实，习惯以利益得失、权利、地位、金钱等来衡量做事的价值，做事有较强的目的性。 　　典型职业：喜欢要求具备经营、管理、劝服、监督和领导才能，以实现机构、政治、社会及经济目标的工作，并具备相应的能力。如项目经理、销售人员、营销管理人员、政府官员、企业领导、法官、律师。

　　通过兴趣岛这个小游戏，我们对自己的职业兴趣有了一定程度的了解。事实上，霍兰德在职业关系方面作出了大量的理论与实证研究，在此基础上提出了六角

模型。由于六角模型直观、易懂,目前在世界范围内被广泛应用。

霍兰德人格类型理论将大多数人归纳为六种兴趣类型:实际型(R)、研究型(I)、艺术型(A)、社会型(S)、企业型(E)、常规型(C)。霍兰德所划分的六大类型,并非是并列的、有着明晰的边界的。他以六边形标示出六大类型的关系。

相邻关系:

如 RI、IR、IA、AI、AS、SA、SE、ES、EC、CE、RC 及 CR。属于这种关系的两种类型的个体之间共同点较多,现实型 R、研究型 I 的人就都不太偏好人际交往,这两种职业环境中也都较少机会与人接触。

相隔关系:

如 RA、RE、IC、IS、AR、AE、SI、SC、EA、ER、CI 及 CS,属于这种关系的两种类型个体之间共同点较相邻关系少。

相对关系:

在六边形上处于对角位置的类型之间即为相对关系,如 RS、IE、AC、SR、EI 及 CA 即是,相对关系的人格类型共同点少,因此,一个人同时对处于相对关系的两种职业环境都兴趣很浓的情况较为少见。

人们通常倾向选择与自我兴趣类型匹配的职业环境,如具有现实型兴趣的人希望在现实型的职业环境中工作,可以最好地发挥个人的潜能。但职业选择中,个体并非一定要选择与自己兴趣完全对应的职业环境。一则因为个体本身常是多种兴趣类型的综合体,单一类型显著突出的情况不多,因此,评价个体的兴趣类型时也时常以其在六大类型中得分居前三位的类型组合而成,组合时根据分数的高低依次排列字母,构成其兴趣组型,如 RCA、AIS 等;二则因为影响职业选择的因素是多方面的,不完全依据兴趣类型,还要参照社会的职业需求及获得职业的现实可能性。因此,职业选择时会不断妥协,寻求于相邻职业环境,甚至相隔职业环境,在这种环境中,个体需要逐渐适应工作环境。但如果个体寻找的是相对的职业环境,意味着所进入的是与自我兴趣完全不同的职业环境,则我们工作起来可能难以适应,或者难以做到工作时觉得很快乐,相反,甚至可能会每天工作得很痛苦。

大多数人一般可能具备多种不同的兴趣类型。各类型之间也并非完全独立,而是分为兼容、中性、相斥三种情况,每个人的兴趣类型都可以用三个字母表示,如 RSC。人们可以通过霍兰德代码职业对照表查出相对应的职业。

三、教师的职业兴趣

免费师范生是准教师人群,毕业后大多数都会从事教师职业,为调查教师的职业兴趣,有人曾对免费师范生这一准教师群体进行了职业兴趣调查研究[①],结果发

---

① 朱俊.免费师范生职业兴趣的调查研究[D].陕西师范大学硕士学位论文,2010(6):34

现,在免费师范生中,职业兴趣属于现实型的人占到12%,属于探索型的人占到8%,属于艺术型的人占到12%,属于社会型的人占到49%,属于管理型的人占到7%,属于常规型的人占到12%。不难看出,与教师这一职业密切相关的职业兴趣类型,即社会型,正好是被调查者所属职业兴趣各类型中人数比例最高的一类,几乎占到一半的人数。

一般而言,女生在常规型、艺术型和社会型上的平均得分高于男生,而男生在现实型、探索型上的平均得分高于女生。这可能是因为,在现实型上,男生往往肢体协调能力和动手方面的技能较强,而且偏好于那些有明确规则的技术性活动;在探索型上,男生常常表现出对理论思维或数理统计方面的喜爱,同时对具有挑战性的工作也较为偏爱,不太喜欢从事循规蹈矩的工作活动;在艺术型上,女生比较喜欢幻想,喜欢追求美好的事物,并且想象力较为丰富;在社会型上,根据心理学著作中的描述,女性拥有较强的语言能力,但对空间概念的形成上较为困难;其次,女性更善于与他人交谈,乐于给他人提供帮助,较容易同情弱者,具有明显的人道主义倾向,在日常交往过程中,女性更习惯于通过和平的方式来解决人际关系中出现的问题。另外,社会上对不同性别赋予了不同的角色期望,这就带来了人们按照社会赞许的职业方向进行职业选择,从而造成调查结果的差异,比方说,人们往往认为女性符合的职业是中小学教师、幼儿园教师、文职人员、纺织工人等,而男性适合的职业是高管、建筑工、工程师、技师等。

也有人对中学英语教师的职业兴趣进行了调查研究①,发现,从女性英语教师的六种职业兴趣分值来看:女性中学英语教师最不喜欢现实型;不太喜欢管理型和研究型;中下喜欢常规型和艺术型;确定喜欢社会型。因此,女性英语教师最典型的职业兴趣类型是社会型,其典型特征为:对人和善,容易相处,关心自己和别人的感受,喜欢倾听和了解别人,也愿意付出时间和精力去解决别人的困扰;喜欢教导别人,并帮助他人成长;不爱竞争,喜欢大家一起做事,一起为团体尽力;容易与人应对互动,关心人胜于关心工作。

从男性英语教师的六种职业兴趣分值来看:男性英语教师中下喜欢研究型、常规型、现实型和艺术型;中上喜欢管理型;确定喜欢社会型。因此,男性英语教师的典型的职业兴趣类型为社会型,其次为管理型、社会型。管理型的典型特征为:好奇心强,关心自己和别人的感受,重视个人与群体间的契合程度,人际关系良好;积极,精力充沛,不喜欢拖泥带水,希望拥有权力去改善不合理的事;喜欢和人一起工作,会激励同仁跟他一起努力,并期待自己能受到他人的肯定,甚至成为团体中的焦点人物;对新鲜的事很感兴趣,关心的议题广泛,但对器械生产制造技术则较无兴趣;与纯社会型的人相比,他们较愿意去领导团体;他们喜欢在为人服务的单位中,从事管理或教育行政等相关工作。

---

① 郭兆明.中学英语教师职业兴趣的调查研究[J].河南科技学院学报,2012(12):53-55.

四、职业兴趣测试

我们应该如何了解自己的职业兴趣呢？接下来跟随霍兰德教授去了解一下适合自己的职业兴趣吧！

霍兰德职业兴趣测评问卷

指导语:本测验是在美国著名就业指导专家霍兰德的职业倾向能力测验量表的基础上,根据中国的具体国情修订而成。本测验将帮助您发现和确定自己的职业兴趣和能力特长,从而使您更科学地作出择业的选择。

本测验共有四个部分,每部分含六个方面的测验题,共计192道题,请您按自己的实际情况依次对每道测验题作出选择,并将选择用"√"号标记在答卷卡相应空格内,不要漏过任何一道题。

第一部分　您愿意从事下列活动吗?

R.现实型活动:	是	否	A.艺术型活动:	是	否
1.装配修理电器或玩具。			11.素描/制图或绘画。		
2.修理自行车。			12.参加话剧戏曲。		
3.用木头做东西。			13.设计家具布置室内。		
4.开汽车或摩托车。			14.练习乐器/参加乐队。		
5.用机器做东西。			15.欣赏音乐或戏剧。		
6.参加木工技术学习班。			16.看小说/读剧本。		
7.参加制图描图学习班。			17.从事摄影创作。		
8.驾驶卡车或拖拉机。			18.写诗或吟诗。		
9.参加机械和电气学习。			19.进艺术(美术/音乐)培训班。		
10.装配修理电器。			20.练习书法。		
I.研究型活动:			S.社会型活动:		
21.读科技图书和杂志。			31.学校或单位组织的正式活动。		
22.在试验室工作。			32.参加某个社会团体或俱乐部的活动。		
23.改良水果品种,培育新的水果。			33.帮助别人解决困难。		
24.调查了解土和金属等物质的成分。			34.照顾儿童。		

续表

25. 研究自己选择的特殊的问题。			35. 出席晚会、联欢会、茶话会。		
26. 解算式或数学游戏。			36. 和大家一起出去郊游。		
27. 学物理课。			37. 想获得关于心理方面的知识。		
28. 学化学课。			38. 参加讲座会或辩论会。		
29. 学几何课。			39. 观看或参加体育比赛和运动会。		
30. 学生物课。			40. 结交新朋友。		
E. 企业型活动：			C. 常规型活动：		
41. 说服鼓动他人。			51. 整理好桌面和房间。		
42. 卖东西。			52. 抄写文件和信件。		
43. 谈论政治。			53. 为领导写报告或公务信函。		
44. 制订计划、参加会议。			54. 查收个人收支情况。		
45. 以自己的意志影响别人的行为。			55. 参加打字培训班。		
46. 在社会团体中担任职务。			56. 参加算盘、文秘等实务培训。		
47. 检查与评价别人的工作。			57. 参加商业会计培训班。		
48. 结识名流。			58. 参加情报处理培训班。		
49. 指导有某种目标的团体。			59. 整理信件、报告、记录等。		
50. 参与政治活动。			60. 写商业贸易信。		

第二部分　您具有擅长或胜任下列活动的能力吗？

R. 现实型能力：	是	否	A. 艺术型能力：	是	否
61. 能使用电锯、电钻和锉刀等木工工具。			71. 能演奏乐器。		
62. 知道万用表的使用方法。			72. 能参加二部或四部合唱。		
63. 能够修理自行车或其他机械。			73. 独唱或独奏。		
64. 能够使用电钻床、磨床或缝纫机。			74. 扮演剧中角色。		
65. 能给家具和木制品刷漆。			75. 能创作简单的乐曲。		
66. 能看建筑等设计图。			76. 会跳舞。		
67. 能够修理简单的电气用品。			77. 能绘画、素描或书法。		
68. 能够修理家具。			78. 能雕刻、剪纸或泥塑。		
69. 能修收录机。			79. 能设计海报、服装或家具。		

续表

项目			项目		
70. 能简单地修理水管。			80. 写得一手好文章。		
I. 研究型能力：			S. 社会型能力：		
81. 懂得真空管或晶体管的作用。			91. 有向各种人说明解释的能力。		
82. 能够列举三种含蛋白质多的食品。			92. 常参加社会福利活动。		
83. 理解铀的裂变。			93. 能和大家一起友好相处地工作。		
84. 能用计算尺、计算器、对数表。			94. 善于与年长者相处。		
85. 会使用显微镜。			95. 会邀请人、招待人。		
86. 能找到三个星座。			96. 能简单易懂地教育儿童。		
87. 能独立进行调查研究。			97. 能安排会议等活动顺序。		
88. 能解释简单的化学式。			98. 善于体察人心和帮助他人。		
89. 理解人造卫星为什么不落地。			99. 帮助护理病人或伤员。		
90. 经常参加学术的会议。			100. 安排社团组织的各种事务。		
E. 企业型能力：			C. 常规型能力：		
101. 担任过学生干部并且干得不错。			111. 会熟练地打印中文。		
102. 工作上能指导和监督他人。			112. 会用外文打字机或复印机。		
103. 做事充满活力和热情。			113. 能快速记笔记和抄写文章。		
104. 有效地用自身的做法调动他人。			114. 善于整理保管文件和资料。		
105. 销售能力强。			115. 善于从事事务性的工作。		
106. 曾作为俱乐部或社团的负责人。			116. 会用算盘。		
107. 向领导提出建议或反映意见。			117. 能在短时间内分类和处理大量文件。		
108. 有开创事业的能力。			118. 能使用计算机。		
109. 知道怎样做能成为一个优秀的领导者。			119. 能收集数据。		
110. 健谈善辩。			120. 善于为自己或集体作财务预算表。		

第三部分　您喜欢下列的职业吗？

R.现实型职业：	是	否	A.艺术型职业：	是	否
121.飞机机械师。			131.乐队指挥。		
122.野生动物专家。			132.演奏家。		
123.汽车维修工。			133.作家。		
124.木匠。			134.摄影家。		
125.测量工程师。			135.记者。		
126.无线电报务员。			136.画家、书法家。		
127.园艺师。			137.歌唱家。		
128.长途公共汽车司机。			138.作曲家。		
129.火车司机。			139.电影电视演员。		
130.电工。			140.节目主持人。		
I.研究型职业：			S.社会型职业：		
141.气象学或天文学者。			151.街道、工会或妇联干部。		
142.生物学者。			152.小学、中学教师。		
143.医学实验室的技术人员。			153.精神病医生。		
144.人类学者。			154.婚姻介绍所工作人员。		
145.动物学者。			155.体育教练。		
146.化学者。			156.福利机构负责人。		
147.数学者。			157.心理咨询员。		
148.科学杂志的编辑或作家。			158.共青团干部。		
149.地质学者。			159.导游。		
150.物理学者。			160.国家机关工作人员。		
E.企业型职业：			C.常规型职业：		
161.厂长。			171.会计师。		
162.电视片编制人。			172.银行出纳员。		
163.公司经理。			173.税收管理员。		
164.销售员。			174.计算机操作员。		
165.不动产推销员。			175.簿记人员。		
166.广告部长。			176.成本核算员。		
167.体育活动主办者。			177.文书档案管理员。		

续表

168. 销售部长。			178. 打字员。		
169. 个体工商业者。			179. 法庭书记员。		
170. 企业管理咨询人员。			180. 人口普查登记员。		

第四部分 请评定您在下述各方面的能力等级：

【注：请先将自己与同龄人在相应方面的能力加以比较，然后经斟酌作出评定，并将评定的等级数填写在答卷上。评定共分 7 级(1,2,3,4,5,6,7)，数字越大表示能力越强。】

181. 你的机械操作能力等级为(1   2   3   4   5   6   7)

182. 你的艺术创作能力等级为(1   2   3   4   5   6   7)

183. 你的科学研究能力等级为(1   2   3   4   5   6   7)

184. 你的解释表达能力等级为(1   2   3   4   5   6   7)

185. 你的商业洽谈能力等级为(1   2   3   4   5   6   7)

186. 你的事务执行能力等级为(1   2   3   4   5   6   7)

187. 你的体力技能等级为(1   2   3   4   5   6   7)

188. 你的音乐技能等级为(1   2   3   4   5   6   7)

189. 你的数学技能等级为(1   2   3   4   5   6   7)

190. 你的交际能力等级为(1   2   3   4   5   6   7)

191. 你的领导能力等级为(1   2   3   4   5   6   7)

192. 你的工作技能等级为(1   2   3   4   5   6   7)

答 题 卡：

第一部分：R. 现实型活动：

1	2	3	4	5	6	7	8	9	10

A. 艺术型活动：

11	12	13	14	15	16	17	18	19	20

I. 研究型活动：

21	22	23	24	25	26	27	28	29	30

S. 社会型活动：

31	32	33	34	35	36	37	38	39	40

E. 企业型活动：

41	42	43	44	45	46	47	48	49	50

续表

C.常规型活动：									
51	52	53	54	55	56	57	58	59	60

第二部分：R.现实型能力：									
61	62	63	64	65	66	67	68	69	70

A.艺术型能力：									
71	72	73	74	75	76	77	78	79	80

I.研究型能力：									
81	82	83	84	85	86	87	88	89	90

S.社会型能力：									
91	92	93	94	95	96	97	98	99	100

E.企业型能力：									
101	102	103	104	105	106	107	108	109	110

C.常规型能力：									
111	112	113	114	115	116	117	118	119	120

第三部分：R.现实型职业：									
121	122	123	124	125	126	127	128	129	130

A.艺术型职业：									
131	132	133	134	135	136	137	138	139	140

I.研究型职业：									
141	142	143	144	145	146	147	148	149	150

S.社会型职业：									
151	152	153	154	155	156	157	158	159	160

E.企业型职业：									
161	162	163	164	165	166	167	168	169	170

C.常规型职业：									
171	172	173	174	175	176	177	178	179	180

第四部分：评定等级评定共分7级(1,2,3,4,5,6,7),数字越大表示能力越强。									
181	182	183	184	185	186	187	188	189	190
191	192								

计分规则：前三大部分中,每勾中一题计1分,第四部分由被测者自己打分,合

并计算后即可得出自己各个类型的总分。比较自己哪类分值高,即可得出大致人格倾向。

职业索引——职业兴趣代号与其相应的职业对照表:

R(实际型):木匠、农民、操作 X 光的技师、工程师、飞机机械师、鱼类和野生动物专家、自动化技师、机械工(车工、钳工等)、电工、无线电报务员、火车司机、长途公共汽车司机、机械制图员、修理机器、电器师。

I(调查型):气象学者、生物学者、天文学家、药剂师、动物学者、化学家、科学报刊编辑、地质学者、植物学者、物理学者、数学家、实验员、科研人员、科技作者。

A(艺术型):室内装饰专家、图书管理专家、摄影师、音乐教师、作家、演员、记者、诗人、作曲家、编剧、雕刻家、漫画家。

S(社会型):社会学者、导游、福利机构工作者、咨询人员、社会工作者、社会科学教师、学校领导、精神病工作者、公共保健护士。

E(事业型):推销员、进货员、商品批发员、旅馆经理、饭店经理、广告宣传员、调度员、律师、政治家、零售商。

C(常规型):记账员、会计、银行出纳、法庭速记员、成本估算员、税务员、核算员、打字员、办公室职员、统计员、计算机操作员、秘书。

下面介绍与你 3 个代号的职业兴趣类型一致的职业表,对照的方法如下:首先根据你的职业兴趣代号,在下表中找出相应的职业,如你的职业兴趣代号是 RIA,那么牙科技术人员、陶工等是适合你兴趣的职业。然后寻找与你职业兴趣代号相近的职业,如你的职业兴趣代号是 RIA,那么,其他由这三个字母组合成的编号(如 IRA、IAR、ARI 等)对应的职业,也较适合你的兴趣。

RIA:牙科技术员、陶工、建筑设计员、模型工、细木工、制作链条人员。

RIS:厨师、林务员、跳水员、潜水员、染色员、电器修理、眼镜制作、电工、纺织机器装配工、服务员、装玻璃工人、发电厂工人、焊接工。

RIE:建筑和桥梁工程、环境工程、航空工程、公路工程、电力工程、信号工程、电话工程、一般机械工程、自动工程、矿业工程、海洋工程、交通工程技术人员、制图员、家政经济人员、计量员、农民、农场工人、农业机械操作、清洁工、无线电修理、汽车修理、手表修理、管工、线路装配工、工具仓库管理员。

RIC:船上工作人员、接待员、杂志保管员、牙医助手、制帽工、磨坊工、石匠、机器制造、机车(火车头)制造、农业机器装配、汽车装配工、缝纫机装配工、钟表装配和检验、电动器具装配、鞋匠、锁匠、货物检验员、电梯机修工、托儿所所长、钢琴调音员、装配工、印刷工、建筑钢铁工作、卡车司机。

RAI:手工雕刻、玻璃雕刻、制作模型人员、家具木工、制作皮革品、手工绣花、手工钩针纺织、排字工作、印刷工作、图画雕刻、装订工。

RSE:消防员、交通巡警、警察、门卫、理发师、房间清洁工、屠夫、锻工、开凿工人、管道安装工、出租汽车驾驶员、货物搬运工、送报员、勘探员、娱乐场所的服务员、起卸机操作工、灭害虫者、电梯操作工、厨房助手。

RSI：纺织工、编织工、农业学校教师、某些职业课程教师（诸如艺术、商业、技术、工艺课程）、雨衣上胶工。

REC：抄水表员、保姆、实验室动物饲养员、动物管理员。

REI：轮船船长、航海领航员、大副、试管实验员。

RES：旅馆服务员、家畜饲养员、渔民、渔网修补工、水手长、收割机操作工、搬运行李工人、公园服务员、救生员、登山导游、火车工程技术员、建筑工作、铺轨工人。

RCI：测量员、勘测员、仪表操作者、农业工程技术、化学工程技师、民用工程技师、石油工程技师、资料室管理员、探矿工、煅烧工、烧窑工、矿工、保养工、磨床工、取样工、样品检验员、纺纱工、炮手、漂洗工、电焊工、锯木工、刨床工、制帽工、手工缝纫工、油漆工、染色工、按摩工、木匠、农民建筑工作、电影放映员、勘测员助手。

RCS：公共汽车驾驶员、一等水手、游泳池服务员、裁缝、建筑工作、石匠、烟囱修建工、混凝土工、电话修理工、爆炸手、邮递员、矿工、裱糊工人、纺纱工。

RCE：打井工、吊车驾驶员、农场工人、邮件分类员、铲车司机、拖拉机司机。

IAS：普通经济学家、农场经济学家、财政经济学家、国际贸易经济学家、实验心理学家、工程心理学家、心理学家、哲学家、内科医生、数学家。

IAR：人类学家、天文学家、化学家、物理学家、医学病理、动物标本剥制者、化石修复者、艺术品管理者。

ISE：营养学家、饮食顾问、火灾检查员、邮政服务检查员。

ISC：侦察员、电视播音室修理员、电视修理服务员、验尸室人员、编目录者、医学实验定技师、调查研究者。

ISR：水生生物学者、昆虫学者、微生物学家、配镜师、矫正视力者、细菌学家、牙科医生、骨科医生。

ISA：实验心理学家、普通心理学家、发展心理学家、教育心理学家、社会心理学家、临床心理学家、目标学家、皮肤病学家、精神病学家、妇产科医师、眼科医生、五官科医生、医学实验室技术专家、民航医务人员、护士。

IES：细菌学家、生理学家、化学专家、地质专家、地理物理学专家、纺织技术专家、医院药剂师、工业药剂师、药房营业员。

IEC：档案保管员、保险统计员。

ICR：质量检验技术员、地质学技师、工程师、法官、图书馆技术辅导员、计算机操作员、医院听诊员、家禽检查员。

IRA：地理学家、地质学家、声学物理学家、矿物学家、古生物学家、石油学家、地震学家、声学物理学家、原子和分子物理学家、电学和磁学物理学家、气象学家、设计审核员、人口统计学家、数学统计学家、外科医生、城市规划家、气象员。

IRS：流体物理学家、物理海洋学家、等离子体物理学家、农业科学家、动物学家、食品科学家、园艺学家、植物学家、细菌学家、解剖学家、动物病理学家、作物病理学家、药物学家、生物化学家、生物物理学家、细胞生物学家、临床化学家、遗传学家、分子生物学家、质量控制工程师、地理学家、兽医、放射性治疗技师。

IRE：化验员、化学工程师、纺织工程师、食品技师、渔业技术专家、材料和测试工程师、电气工程师、土木工程师、航空工程师、行政官员、冶金专家、原子核工程师、陶瓷工程师、地质工程师、电力工程师、口腔科医生、牙科医生。

IRC：飞机领航员、飞行员、物理实验室技师、文献检查员、农业技术专家、动植物技术专家、生物技师、油管检查员、工商业规划者、矿藏安全检查员、纺织品检验员、照相机修理者、工程技术员、编计算程序者、工具设计者、仪器维修工。

CRI：簿记员、会计、计时员、铸造机操作工、打字员、按键操作工、复印机操作工。

CRS：仓库保管员、档案管理员、缝纫工、讲述员、收款人。

CRE：标价员、实验室工作者、广告管理员、自动打字机操作员、电动机装配工、缝纫机操作工。

CIS：记账员、顾客服务员、报刊发行员、土地测量员、保险公司职员、会计师、估价员、邮政检查员、外贸检查员。

CIE：打字员、统计员、支票记录员、订货员、校对员、办公室工作人员。

CIR：校对员、工程职员、海底电报员、检修计划员、发版员。

CSE：接待员、通信员、电话接线员、卖票员、旅馆服务员、私人职员、商学教师、旅游办事员。

CSR：运货代理商、铁路职员、交通检查员、办公室通信员、簿记员、出纳员、银行财务职员。

CSA：秘书、图书管理员、办公室办事员。

CER：邮递员、数据处理员、办公室办事员。

CEI：推销员、经济分析家。

CES：银行会计、记账员、法人秘书、速记员、法院报告人。

ECI：银行行长、审计员、信用管理员、地产管理员、商业管理员。

ECS：信用办事员、保险人员、各类进货员、海关服务经理、售货员、购买员、会计。

ERI：建筑物管理员、工业工程师、农场管理员、护士长、农业经营管理人员。

ERS：仓库管理员、房屋管理员、货栈监督管理员。

ERC：邮政局长、渔船船长、机械操作领班、木工领班、瓦工领班、驾驶员领班。

EIR：科学、技术和有关周期出版物的管理员。

EIC：专利代理人、鉴定人、运输服务检查员、安全检查员、废品收购人员。

EIS：警官、侦察员、交通检验员、安全咨询员、合同管理者、商人。

EAS：法官、律师、公证人。

EAR：展览室管理员、舞台管理员、播音员、驯兽员。

ESC：理发师、裁判员、政府行政管理员、财政管理员、工程管理员、职业病防治、售货员、商业经理、办公室主任、人事负责人、调度员。

ESR:家具售货员、书店售货员、公共汽车的驾驶员、日用品售货员、护士长、自然科学和工程的行政领导。

ESI:博物馆管理员、图书馆管理员、古迹管理员、饮食业经理、地区安全服务管理员、技术服务咨询者、超级市场管理员、零售商品店店员、批发商、出租汽车服务站调度。

ESA:博物馆馆长、报刊管理员、音乐器材售货员、广告商售画营业员、导游、(轮船或班机上的)事务长、飞机上的服务员、船员、法官、律师。

ASE:戏剧导演、舞蹈教师、广告撰稿人,报刊和专栏作者、记者、演员、英语翻译。

ASI:音乐教师、乐器教师、美术教师、管弦乐指挥,合唱队指挥、歌星、演奏家、哲学家、作家、广告经理、时装模特。

AER:新闻摄影师、电视摄影师、艺术指导、录音指导、丑角演员、魔术师、木偶戏演员、骑士、跳水员。

AEI:音乐指挥、舞台指导、电影导演。

AES:流行歌手、舞蹈演员、电影导演、广播节目主持人、舞蹈教师、口技表演者、喜剧演员、模特。

AIS:画家、剧作家、编辑、评论家、时装艺术大师、新闻摄影师、男演员、文学作者。

AIE:花匠、皮衣设计师、工业产品设计师、剪影艺术家、复制雕刻品大师。

AIR:建筑师、画家、摄影师、绘图员、环境美化工、雕刻家、包装设计师、陶器设计师、绣花工、漫画工。

SEC:社会活动家、退伍军人服务官员、工商会事务代表、教育咨询者、宿舍管理员、旅馆经理、饮食服务管理员。

SER:体育教练、游泳指导。

SEI:大学校长、学院院长、医院行政管理员、历史学家、家政经济学家、职业学校教师、资料员。

SEA:娱乐活动管理员、国外服务办事员、社会服务助理、一般咨询者、宗教教育工作者。

SCE:部长助理、福利机构职员、生产协调人、环境卫生管理人员、戏院经理、餐馆经理、售票员。

SRI:外科医师助手、医院服务员。

SRE:体育教师、职业病治疗者、体育教练、专业运动员、房管员、儿童家庭教师、警察、引座员、传达员、保姆。

SRC:护理员、护理助理、医院勤杂工、理发师、学校儿童服务人员。

SIA:社会学家、心理咨询者、学校心理学家、政治科学家、大学或学院的系主任、大学或学院的教育学教师、大学农业教师、大学工程和建筑课程的教师、大学法律教师、大学数学、医学、物理、社会科学和生命科学的教师、研究生助教、成人教育教师。

    SIE：营养学家、饮食学家、海关检查员、安全检查员、税务稽查员、校长。

    SIC：描图员、兽医助手、诊所助理、体检检查员、监督缓刑犯的工作者、娱乐指导者、咨询人员、社会科学教师。

    SIR：理疗员、救护队工作人员、手足病医生、职业病治疗助手。

    请对应自己的分数，找出自己的职业兴趣码，了解自己的具体职业兴趣，并尝试结合自己的工作，细化和探讨这些兴趣对你工作的影响。

兴趣类型	对工作的影响
艺术型 （Artistic）	
研究型 （Investigative）	
事务型 （Conventional）	
实用型 （Realistic）	
社会型 （Social）	
企业型 （Enterprising）	

实践与反思

    你的主要职业兴趣：

_____

    哪些教育教学实践是你职业兴趣的体现？

_____

_____

_____

    反思——我能不能做得更好？

_____

_____

_____

第四节 职业能力

一、职业能力概述

能力是直接影响活动效率,使活动顺利完成的个性心理特征。首先,能力是一种个性心理特征。所谓个性心理特征就是指人进行心理活动时经常地、稳定地表现出来的心理特点。其次,能力总是和人完成一定的活动相联系,离开了具体活动既不能表现人的能力,也不能发展人的能力。然而,并不是所有影响活动进行的心理特征都是能力,只有那些直接影响活动效率,使活动任务顺利完成的因素才能称之为能力。如兴趣、人格特征等影响活动,但不直接影响活动效率,不直接决定活动的完成,因此这些都不是能力,而思维的敏捷性和言语表达的逻辑性,直接影响教师能否成功地完成教学任务,因而是一种能力。

(一)一定的职业能力是胜任某种职业岗位的必要条件

任何一个职业岗位都有相应的岗位职责要求,一定的职业能力则是胜任某种职业岗位的必要条件。因此,求职者在进行择业时,首先要明确自己的能力优势以及胜任某种工作的可能性。在条件允许的情况下,可以由专业职业指导人员帮助分析,根据求职者的学历状况、职业资格、职业实践等来确定求职者的职业能力,必要时可以通过心理测试作为参考,在基本确定求职者的职业能力和发展的可能性的基础上帮助求职者进行职业选择。

(二)职业实践和教育培训是职业能力发展的前提

1.职业实践促进职业能力的发展

职业能力是在实践的基础上得到发展和提高的,一个人长期从事某一专业劳动,能促使人的能力向高度专业化发展。例如,计算机文字录用人员,随着工作的熟练和经验的积累,录入的速度会越来越快,准确性也会越来越高。个体的职业能力只有在实际工作中才能不断得到发展、提高和强化。

2.教育培训促进教育能力的提高

个体职业能力的提高除了在实践中磨炼和提高之外,另外最有效的途径就是接受教育和培训。像我们所熟悉的职业教育、专科教育、大学本科教育、研究生教育等,学生通过对有关知识和技能的掌握,对以后更好地胜任本职工作会有极大的帮助。

3. 职业能力、职业发展与职业创造间的关系

职业能力是人的发展和创造的基础。前面讲到能力是成功地完成某种任务或胜任工作的必不可少的基本因素,没有能力或能力低下,就难以达到工作岗位的要求,不能胜任。个体的职业能力越强,各种能力越是综合发展,就越能促进人在职业活动中的创造和发展,就越能取得较好的工作绩效和业绩,越能给个人带来职业成就感。

职业能力很大程度上影响教师职业是否顺利,如教师必须具有良好的言语能力,如果您这方面比较欠缺,必然在日后的职场竞争中处于劣势;科学类课程教师要求教师必须具有较强的动手能力;数学教师要求有较强的数理逻辑和空间想象能力;美术老师要求有较好的空间想象能力等。了解一下自己各方面职业能力的强弱,能够帮助老师更好地规划自己的职业生涯。

二、职业能力的构成

由于职业能力是多种能力的综合,因此,我们可以把职业能力分为一般职业能力、专业能力和综合能力。

（一）一般职业能力

一般职业能力主要是指一般的学习能力、文字和语言运用能力、数学运用能力、空间判断能力、形体知觉能力、颜色分辨能力、手的灵巧度、手眼协调能力等。此外,任何职业岗位的工作都需要与人打交道,因此,人际交往能力、团队协作能力、对环境的适应能力,以及遇到挫折时良好的心理承受能力都是我们在职业活动中不可缺少的能力。

（二）专业能力

专业能力主要是指从事某一职业的专业能力。在求职过程中,招聘方最关注的就是求职者是否具备胜任岗位工作的专业能力。例如,你去应聘教学工作岗位,对方最看重你是否具备最基本的教学能力。

（三）职业综合能力

这里主要介绍国际上普遍注重培养的"关键能力",主要包括四个方面。

1. 跨职业的专业能力

从以下三个方面可以体现出一个人跨职业的专业能力:一是运用数学和测量方法的能力;二是计算机应用能力;三是运用外语解决技术问题和进行交流的能力。

2. 方法能力

一是信息收集和筛选能力;二是掌握制订工作计划、独立决策和实施的能力;

三是具备准确的自我评价能力和接受他人评价的承受力,并能够从成败经历中有效地吸取经验教训。

3.社会能力

社会能力主要是指一个人的团队协作能力、人际交往和善于沟通的能力。在工作中能够协同他人共同完成工作,对他人公正宽容,具有准确裁定事物的判断力和自律能力等,这是岗位胜任和在工作中开拓进取的重要条件。

4.个人能力

随着我国经济体制改革的深入、法制的不断健全完善,人的社会责任心和诚信将越来越被重视,假冒伪劣将越来越无藏身之地,一个人的职业道德会越来越受到全社会的尊重和赞赏,爱岗敬业、工作负责、注重细节的职业人格会得到全社会的肯定和推崇。

三、教师的职业能力

教师除了应具备一般能力外,还应具备新型的业务能力,成为"能力高超者"。

(一)与人会话的能力

教师应崇尚合作,善于会话,勤于与学生、同事、家长、社区会话,团结一切可以团结的人,凝结起一股强大的教育合力。

(二)信息素养能力

信息素养能力包括信息获取能力,如信息查询检索、远程登录、信息浏览、下载、整合使用等;信息评价能力,这是教育文化选择功能中的"排劣"是一个扬弃的过程;信息管理能力;信息加工能力,主要指寻找、选择、整理、储存、转换、重组、综合、应用各种有用的信息,这是信息素养能力的核心。

(三)开拓创新能力

所谓开拓创新能力,指的是富有创造性思维和创造性人格,包括从生活中发现新的科学概念和原理的能力,把相反或近乎没有联系的观念综合成新思想、新观念的能力等。

(四)教育预见能力

所谓教育预见能力,就是在教育活动开始以前,对教育对象的身心状况、教育内容的适用性、各种影响因素的干扰性以及教育效果的估计能力。宏观上,教师智者对未来社会的经济、科技、生产的发展所带来的正面、负面的影响要有所预见;微观上,教师应对学生受家庭氛围、教学环境、教学方法、师生关系的影响以及学生的兴趣、个性、气质、学习方法、思想状况的变化发展有所预见。

小贴士

教师应具备的素质

克鲁克香克采用了综合研究的方法,他在综合了多个有关教师效能研究的基础上,把有效能教师应具备的素质归纳如下。[①]

(1)在课堂上的组织管理方面,教师应具备的素质和能力有:

属于中心主导角色,但同时容许学生参与组织及计划;

课程有组织;

订立高目标,并与学生沟通目标的内容;

关注全班而非只顾及部分学生;

经常提供有益、有建设性的活动;

建立及保持清楚明确的教室规则;

恒常地以正增强的方法去执行教室规则;

有效地控制学生的身体活动;

注意学生的行为表现;

让学生对自己的行为负责;

引导学生完成自己的工作;

快速正确地处理学生的行为问题;

以商讨的态度处理学生的投诉;

有效地应用小组动力、多加变化、增加挑战性。

(2)在课堂教育学方面,教师应具备的素质有:

能坚持追求高目标;

将每日程序写在黑板上;

提供广泛的学习内容;

提供适当难度的学习活动;

兼顾不同家庭背景的学生;

能按部就班、系统施教;

能提供足够的学习材料;

能提供有系统的评语;

维持课程的进度;

使用适合学生认知程度的问题;

要求学生公开地参与;

---

① 郑燕祥.教育的功能与效能[M].香港:广角镜出版社,1991:122-123.

提供学生足够的时间参与；

接受并采纳学生的建议；

提供学生即时反馈；

引导学生回答正确的答案；

保持学习进度、关注学生发展；

能分配有益的活动；

少批评，奖赏恰当；

教学个别化；

常作复习及总结；

教学多元化；

经常保持良好的教室气氛；

令学生对自己的学习有责任感；

公平合理地对待学生。

这一研究成果使我们对教师的专业素养的研究有一个全面的了解。

四、职业能力测验

职业能力的评定采用"五级量表"：强、较强、一般、较弱、弱。每级评定都有相应的权重参数，将评定等级乘以权重参数，然后把六项数值加起来，再除以六，就得到一组评定的等级分数。

如：

第一组：言语能力

	强	较强	一般	较弱	弱
(1)善于表达自己的观点	( )	( )	( )	( )	( )
(2)阅读速度快，并能抓住中心内容	( )	( )	( )	( )	( )
(3)清楚地向别人解释难懂的概念	( )	( )	( )	( )	( )
(4)对文章中的字、词、段落和篇章的理解、分析和综合的能力	( )	( )	( )	( )	( )
(5)掌词汇量的程度	( )	( )	( )	( )	( )
(6)中学时你的语文成绩	( )	( )	( )	( )	( )
各等级次数累计	×1	×2	×3	×4	×5

评定等级(　　) = 总计分数(　　) ÷6

第二组：数理能力

	强	较强	一般	较弱	弱
(1)作出精确的测量(如测长、宽、高等)	( )	( )	( )	( )	( )

(2)解算术应用题　　　　　　　　　（ ）（ ）（ ）（ ）（ ）

(3)笔算能力　　　　　　　　　　　（ ）（ ）（ ）（ ）（ ）

(4)心算能力　　　　　　　　　　　（ ）（ ）（ ）（ ）（ ）

(5)使用工具(如计算器)的计算能力　（ ）（ ）（ ）（ ）（ ）

(6)中学时你的数学成绩　　　　　　（ ）（ ）（ ）（ ）（ ）

各等级次数累计　　　　　　　　　　×1　×2　×3　×4　×5

评定等级(　)＝总计分数(　)÷6

第三组:空间判断能力

　　　　　　　　　　　　　　　　　强　较强　一般　较弱　弱

(1)美术素描画的水平　　　　　　　（ ）（ ）（ ）（ ）（ ）

(2)画三维度的立体图形　　　　　　（ ）（ ）（ ）（ ）（ ）

(3)看几何图形的立体感　　　　　　（ ）（ ）（ ）（ ）（ ）

(4)想象盒子展开后的平面形状　　　（ ）（ ）（ ）（ ）（ ）

(5)玩拼板(图)游戏　　　　　　　　（ ）（ ）（ ）（ ）（ ）

各等级次数累计　　　　　　　　　　×1　×2　×3　×4　×5

评定等级(　)＝总计分数(　)÷6

第四组:察觉细节能力

　　　　　　　　　　　　　　　　　强　较强　一般　较弱　弱

(1)发现相似图形中的细微差异　　　（ ）（ ）（ ）（ ）（ ）

(2)识别物体的差异　　　　　　　　（ ）（ ）（ ）（ ）（ ）

(3)注意到多数人所忽视的物体的细节部分（ ）（ ）（ ）（ ）（ ）

(4)检查物体的细节　　　　　　　　（ ）（ ）（ ）（ ）（ ）

(5)观察图案是否正确　　　　　　　（ ）（ ）（ ）（ ）（ ）

(6)学习时善于找出数学作业的细小错误（ ）（ ）（ ）（ ）（ ）

各等级次数累计　　　　　　　　　　×1　×2　×3　×4　×5

评定等级(　)＝总计分数(　)÷6

第五组:书写能力

　　　　　　　　　　　　　　　　　强　较强　一般　较弱　弱

(1)快而正确地抄写资料(诸如姓名、日期等)（ ）（ ）（ ）（ ）（ ）

(2)阅读中发现错别字　　　　　　　（ ）（ ）（ ）（ ）（ ）

(3)发现计算错误　　　　　　　　　（ ）（ ）（ ）（ ）（ ）

(4)在图书馆很快地查找编码卡片　　（ ）（ ）（ ）（ ）（ ）

(5)发现图表中的细小错误　　　　　（ ）（ ）（ ）（ ）（ ）

(6)自我控制能力(较长时间地进行抄写工作)　( )　( )　( )　( )　( )

各等级次数累计　　　　　　　　　　　×1　×2　×3　×4　×5

评定等级( )=总计分数( )÷6

第六组:运动协调能力

　　　　　　　　　　　　　　　　　　　　强　较强　一般　较弱　弱

(1)劳动技术中做操纵机器一类活动　　　( )　( )　( )　( )　( )

(2)玩电子游戏瞄准打靶　　　　　　　　( )　( )　( )　( )　( )

(3)在体操、广播操一类活动中身体的灵活性　( )　( )　( )　( )　( )

(4)打球姿势的水平度　　　　　　　　　( )　( )　( )　( )　( )

(5)打字比赛或算盘比赛　　　　　　　　( )　( )　( )　( )　( )

(6)闭眼单脚站立的平衡能力　　　　　　( )　( )　( )　( )　( )

各等级次数累计　　　　　　　　　　　×1　×2　×3　×4　×5

评定等级( )=总计分数( )÷6

第七组:动手能力

　　　　　　　　　　　　　　　　　　　　强　较强　一般　较弱　弱

(1)灵巧地使用手工工具(如榔头、锤子)　( )　( )　( )　( )　( )

(2)灵巧地使用很小的工具(如镊子、缝衣针等)　( )　( )　( )　( )　( )

(3)弹乐器时手指的灵活度　　　　　　　( )　( )　( )　( )　( )

(4)动手做一件小手工品　　　　　　　　( )　( )　( )　( )　( )

(5)很快地削水果(如苹果、梨子)　　　　( )　( )　( )　( )　( )

(6)修理、装配、拆卸、纺织、缝补等一类活动　( )　( )　( )　( )　( )

各等级次数累计　　　　　　　　　　　×1　×2　×3　×4　×5

评定等级( )=总计分数( )÷6

第八组:社会交往能力

　　　　　　　　　　　　　　　　　　　　强　较强　一般　较弱　弱

(1)善于在陌生的场合发表自己的意见　　( )　( )　( )　( )　( )

(2)善于在新场合结交新朋友　　　　　　( )　( )　( )　( )　( )

(3)口头表达能力　　　　　　　　　　　( )　( )　( )　( )　( )

(4)善于与人友好交往,并协同工作　　　　( )　( )　( )　( )　( )

(5)善于帮助别人　　　　　　　　　　　( )　( )　( )　( )　( )

(6)擅长做别人的思想工作　　　　　　　( )　( )　( )　( )　( )

各等级次数累计　　　　　　　　　　　×1　×2　×3　×4　×5

评定等级( )=总计分数( )÷6

第九组:组织管理能力

	强	较强	一般	较弱	弱
(1)善于单位或班级的集体活动	( )	( )	( )	( )	( )
(2)在集体活动或学习中,时常关心他人的情况	( )	( )	( )	( )	( )
(3)在日常能经常动脑筋,想出和别人不一样的好点子	( )	( )	( )	( )	( )
(4)冷静果断处理突然发生的事情	( )	( )	( )	( )	( )
(5)在你曾做过的组织工作中,你认为自己的能力属于哪一水平	( )	( )	( )	( )	( )
(6)善于解决同事或同学之间的矛盾	( )	( )	( )	( )	( )
各等级次数累计	×1	×2	×3	×4	×5

评定等级( ) = 总计分数( ) ÷6

统计和确定你的职业能力类型,五个等级含义:"1"为强;"2"为较强;"3"为一般;"4"为较弱;"5"为弱。评定等级可有小数点,如等级2.2,表示此种能力水平稍低于较强水平,高于一般水平。

各种职业能力的特点

言语能力:对词及其含义的理解和使用能力,对词、句子、段落篇章的理解能力,以及善于清楚正确地表达自己的观念和向别人介绍信息的能力。

数理能力:迅速而准确地运算以及在准确的同时,能推理、解决、应用问题的能力。

空间判断能力:对立体图形以及平面图形与立体图形之间关系的理解能力,包括能看懂几何图形,对立体图形的三个面的理解力,识别物体在空间运动中的联系,解决几何问题。

察觉细节能力:对物体或图形的有关细节具有正确的知觉能力,对于图形的明暗、线的宽度和长度作出区别和比较,看出其细微的差异。

书写能力:对词、印刷物、账目、表格等材料的细微部分具有正确知觉的能力,善于发现错字和正确地校对数字的能力。

运动协调:眼、手、脚、身体随活动迅速准确地作出精确的动作和运动反应,手能跟随眼所看到的东西迅速行动,进行正确控制的能力。

动手能力:手、手指、手腕能迅速而准确地活动和操作小的物体,在拿取、放置、换、翻转物体时手能作出精巧运动和腕的自由运动能力。

社会交往能力:善于人与人之间的相互交往,相互联系,相互帮助,相互影响,从而协同工作或建立良好的人际关系。

组织管理能力:擅长组织和安排各种活动,以及协调参加活动中人的人际关系的能力。

实践与反思

你的一般能力中,最擅长:

_____

你最擅长的能力在教育教学实践中的体现:

_____

_____

反思——我能不能做得更好?

_____

_____

_____

小贴士

教师能力发展阶段

教师在职业生涯发展过程中依次出现能力的建立、探索、保持、创新相互关联的阶段。

过渡发展阶段:一般指见习和助教教师(一般工作5年以内),是从事教育事业发展的初始阶段。该阶段是培养职业兴趣、适应教育职业的过程。他们精力充沛,积极进取,努力钻研,处于职业艰苦的适应期。这个阶段教师能力的发展与培养至关重要,其基本职业通用能力是这一阶段发展的核心目标,包括教育基本能力、教育适应能力、知识获取能力、学习探索能力、总结分析能力等。

探索发展阶段:具有中级职称的教师(一般工作5~10年),是从事教育事业进步、成长、发展风格的重要阶段。在这个阶段,他们心态稳定、有信心,年富力强,积累了一定能力和经验,工作已驾轻就熟。其能力目标应该是能够具有使教育改革与发展的较强职业通用能力。包括改革能力、知识更新能力、研究探索能力、指导能力、组织能力。

创新发展阶段:具有副高级职称的教师(一般工作10~15年),是事业稳步成功、获取丰富经验的重要时期。这个时期,他们精湛的专业知识、良好的教育心态、对事业的无限责任感和追求感使得他们在这一阶段精力充沛,刻苦钻研,在诸多领域取得骄人成绩。其能力目标应该是具有较高的创新职业通用能力。包括创新实践能力、科学研究能力、训练管理能力、更新专业能力、专题教学能力等。

专业发展阶段:具有高级职称的教师(一般工作15年以上),是创新技能、创新发展的重要时期。成熟、稳定、发展、创新是这个时期的显著特点。其能力目标应该突出体现创新职业通用能力方面。包括教学创新通用能力、研究通用能力、专题通用能力、专业通用能力等。

　　教师职业阶段性能力目标,是不同时期教师自我能力意识形成与发展的主体阶段。各个时期的能力纬度之间是相互联系并存在交互作用的,这些能力纬度统一于教师自身,教师的能力结构应处于不断地变革、提高之中,因为教师能力总是面临新的挑战,其整个活动过程之中充满了创造性。①

---

　　① 郑永成,崔林,等.教师职业能力发展研究[J].中国成人教育,2008(25).

第四章 我所处的环境——教师的职业环境分析

任何一个职业的发展都离不开职业环境的影响。根据环境的覆盖面大小，可以将职业环境分为社会环境、行业环境和个体环境。社会环境分析是对个体生存的时代背景和环境的分析，社会环境对处在某一时代背景下的所有个体的生涯发展都打上了时代的烙印；行业环境分析突出某一行业的特点，是中观层面的环境分析，就教师职业而言，更加侧重于学校环境的分析；个体环境分析是微观层面的环境分析，涉及个体的成长、家庭等诸多因素。

本章侧重介绍当前教师所处的社会环境、学校环境和个体环境。

第一节　社会环境

生涯故事

我是 20 世纪 50 年代中期来到学校当老师的。回想一下那时的我们，真是苦不堪言。一间间破旧的平房就是我们上课的教室。地面还是凹凸不平的泥巴，一块黑色的木板就变成了黑板。寒冷的冬天就连生个炉子都是可望不可即的。一到初冬，我们脚上、手上、耳朵上就开始长冻疮。学生更可怜，小脸、小手总是冻得发紫，破皮。更要命的是，这样艰苦的条件，我们还得给学生上晚自习。由于没电，学生们都得从家里提着煤油灯到学校上课，教室里常常充斥着难闻的煤油味。更加不幸的是，我们这些年轻的老师连个学习的地方也没有。刚来到学校教书时，我是丈二和尚摸不着头脑，对于教学教法更是一窍不通。于是乎，就如瞎子摸象般地教起学生来。那时候，也不管什么教学方法，你只要教会学生就行了。那时，我们教师的素质也不高，生产队有时就叫念过高中的一两个人去参加为期一个星期或两个星期的培训。培训结束后，这些教师便上岗了。上岗之后，便没有了更多的学习机会。到了 60 年代，情况有所好转。学校组织我们和一些老教师结成师徒对子，由他们指导我们一些方法，教育学生。其实，师父也没有接受过系统的学习，懂得也很少，大部分都是在实践中得出来的。因此，那时的我们，只能在师父的带领下，摸索着前行。改革的春风吹遍神州大地，给许多地区带来了很大的变化。内陆地区的影响稍晚一些。到了 80 年代,我们便有了更高一级的组织——地方教育局,教育局又增设了专门的教师培训机构。于是,那时的年轻教师便有了正式的学习场所。有时一个月,有时一个星期,年轻的教师们可以去教育局设立的教师培训机构接受培训。也是从那时起,教师的学历水平、综合素质都有了一定的提高。

社会中的政治、经济和文化等因素都会对教师的职业生涯发展产生直接或间接的影响。首先,社会的政治制度和经济发展水平是教师职业生涯发展的保障。我国十年动乱时期,知识被贬低,教育被忽视,大家忙着搞政治运动,教育的社会功能被大大削弱甚至取消。对教师而言,这一时期这一群体的整体发展陷入"停滞期",原有的教师被认为是"臭老九",很多教师跳出教育领域,改从他行,退出了教育的职业生涯。随着改革开放的到来,1978 年恢复高考制度,教育重新得到应有的重视,一部分教师回归教育岗位,也让教师的职业开始有了一定的吸引力。然而,随着经商潮、下海潮的到来,又有一部分教师"下海",退出教师行业,改入他行。当前,我国随着科教兴国、教育先行等国家战略的实施和深入,教师职业对人们的吸引力越来越大,教师职业逐渐变成了"香饽饽"。不仅师范类高校的毕业生想要进入该行业,很多非师范类高校毕业生也在考教师资格证,想要加入到教师行业中来。由此可见,社会变迁对教师职业发展影响之大。

此外,国家的经济实力也在一定程度上决定了教师物质生活的满足程度。就浙江而言,20 世纪 90 年代,农村小学教师的每月工资在 400 元左右,虽然能在一定程度上满足教师的基本生活需要,但绝对不是宽裕的。到 2012 年,就浙江省而言,农村小学的每月平均工资在几千元,基本满足生活需要,而且每月还会有一定结余,用于更好地文化和精神的需求,突显更高层次的生活质量需求。

小贴士

我国当前基础教育教师发展现状

从教育发展和教师增长规模来看,我国的教育发展至今,已实现了突破性的变化。2010 年,全国共有各级各类学校 53.1 万所,比上年减少 2.2 万所。全国各级各类学历教育在校生为 2.6 亿,比上年增加 137.3 万;非学历教育在学人数 5 624.8 万,比上年减少 75.9 万。随着教育普及程度的提高,非义务教育阶段在校生规模持续扩大。受学龄人口下降影响,义务教育阶段在校生继续减少,学前教育规模持续增长。2010 年全国共有幼儿园 15 万所,比上年增加 1.2 万所;在园幼儿人数达 2 976.7 万,比上年增加 318.9 万,增长 12%。义务教育规模继续减少。2010 年全国共有普通小学 25.7 万所,比上年减少 2.3 万所;在校生为 9 940.7 万,比上年减少 130.8 万,下降 1.3%;全国共有初中阶段学校为 5.5 万所(其中职业初中 67 所),比上年减少 1 430 所;初中阶段在校生为 5 279.3 万(其中职业初中 3.4 万),比上年减少 161.6 万,下降 3%。高中阶段教育规模略有扩大,中等职业教育规模持续增长,增速放缓。2010 年,全国高中阶段学校为 2.9 万所,比上年减少 1 177 所;在校生 4 677.3 万,比上年增加 36.4 万,增长 0.78%;其中,普通高中在校生 2 427.3 万,比上年下降 0.3%;中等职业教育在校生达 2 238.5 万,比上年增加 43.3 万,增长 1.97%。

各类教师人数不断增长。2010 年,全国各级各类学校专任教师数为 1 413.9 万,比上年增加 21.2 万。其中,幼儿园专任教师人数增长较快,由上年的 98.6 万增加到 114.4 万,增加 15.8 万,增长 16.1%。高中阶段专任教师人数比上年有所增长,其中,普通高中专任教师由上年的 149.3 万增加到 151.8 万,增长 1.7%;中等职业学校专任教师为 85 万,比上年略减 0.7 万。义务教育阶段专任教师人数比上年略有减少。小学专任教师为 561.7 万,比上年减少 1.6 万,下降 0.3%;初中阶段专任教师为 352.5 万,比上年略增 0.7 万,增长 0.2%。2010 年,各级各类学校共录用 30.5 万名各类应届毕业生充实到教师队伍中,比上年减少 1.6 万。义务教育阶段学校吸纳毕业生 18.9 万,其中到农村学校任教的比例达 82.5%。普通高校吸纳 5.5 万,其中研究生学历占 83.1%。

从基础教育教师的分布和学历来看,农村义务教育学校高学历教师比例大幅提升。2010 年,全国农村小学大专及以上学历教师比例达到 75.4%,比上年提高 3.7 个百分点;农村初中本科及以上学历教师比例达到 59.4%,比上年提高 5 个百分点。农村义务教育学校中、高级职称教师比例提升较快。2010 年,全国农村小学中、高级职称教师比例为 52.1%,比上年提高 1.1 个百分点;农村初中中、高级职称教师比例为 52.3%,比上年提高 1.9 个百分点。

普通高中专任教师学历合格率(本科及以上学历教师比例)进一步提高。2010 年,我国普通高中专任教师学历合格率达到 94.8%,比上年提高 1.2 个百分点。东部地区为 96.3%,中部地区为 94.24%,西部地区为 93.15%,地区差距不明显。①

可见,当前的社会发展环境中,教师的发展一方面得到了国家很强的政策保障,另一方面,也要看到,教师职业的社会竞争之激烈,持证上岗保障了教师的质量,也给师范类院校培养教师以巨大的压力。此外,教师的高学历、高职称比越来越大,也给很多在岗教师参加职后培训的压力。

此外,社会文化因素(如教育理念、对教师角色和地位的认可度等)也是教师职业生涯积极发展的推动力。当然,随着教育改革的不断深入,一些全新的教育理念的提出,对教师而言,既是动力也是挑战。例如,当前新一轮基础教育课程改革明确指出,课程目标方面,反对过于注重知识传授,强调知识与技能、过程与方法、情感态度与价值观"三维"目标的达成。比如学化学,过去只是明确地告诉学生什么加什么会产生怎样的反应,现在通常不告诉学生结果,而是让学生自己去做实

---

① 教育部网站 http://www.moe.gov.cn/publicfiles/business/htmlfiles/moe/s5990/201111/126550.html [20133-05-26].

验,在实验过程中学习、理解和记忆,体验过程,培养能力,形成正确的思维方式和价值观。课程结构方面,强调不同功能和价值的课程要有一个比较均衡、合理的结构,符合未来社会对人才素质的要求和学生的身心发展规律。突出的是技术、艺术、体育与健康、综合实践活动类的课程得到强化,同时强调课程的综合性和选择性。课程内容方面,强调改变"繁、难、偏、旧"的教学内容,让学生更多地学习与生活、科技相联系的"活"的知识。课程实施方面,强调变"要学生学"为"学生要学",要激发学生的兴趣,让学生主动参与、乐于探究、勤于动手、学会合作。课程评价方面,以前的评价过于强调甄别与选拔,现在强调评价是为了改进教学、促进发展。比如,有的学生基础较差但很用功,只考了58分,没及格,老师可以给他60分甚至65分,以促使他更有信心地学习。这些改革给教师以全新的机遇和挑战,要达到基础教育课程改革的目标,教师必须积极主动地改变自己的教学观念和教学策略,充分了解学生的特点,在某种程度上需要对自己已有的知识结构进行重组。如果一名教师成功地做到了这一点,那么这一次改革可能就会成为其向专家型教师转型的重要契机。

此外,社会对教师角色和地位的认同也会影响教师对自身成就动机和角色的认知。只有对教师角色高度认同,具有较高成就动机的教师才能专心于教师职业的发展和理想角色的实现。

第二节　学校环境

生涯故事

我是一名已经有11年教龄的语文老师,这个教学年龄对一名教师来说并不算很长,但是我凭借自身的好强、聪明与努力已经取得了高级职称。可是在拿到这个证书后,我却陷入了一种前所未有的低潮中。我想过要往更高的目标去发展,但是在我们这所省级重点中学中要评上特级职称,对我来说机会是零,那不就是意味着评上了高级职称我的事业也就到顶了吗?家里人说这样挺好,往后人也可以轻松一点,可是我轻松得了吗?语文教研组中高级以上的职称占了大多数,大家互相之间都有比较,我所教的班级今年又升入毕业班,成绩的好坏直接与我的声誉、奖金挂钩。我的孩子今年才2岁半。由于生她之前,一直在学校坚持上课,所以这孩子先天本来就不足,隔三岔五地生病,为了照顾她,忙得我团团转。在评高级职称的时候心中有一个动力,咬一咬牙就过来了,可是评好了之后,这根弦一下子放开,却比收紧时更加感到疲惫。很多人说我可能是进入了职业困惑期,我也不知道,只是想快点找回我过去的那股劲儿来,可别真是到了头走下坡路了……

　　学校因素在教师的职业生涯发展中具有不可忽视的作用。学校是教师成长的摇篮,并且,教师的职业生涯发展是在和学校发展互相作用的过程中完成的。当前,学校环境的新发展也为教师的发展带来了一些新的挑战,具体表现在以下几个方面。

　　首先,现代教育突破了传统教育观念中的时空限制,教育的时间、地点和方式等都呈现出开放、多元的特点,远程教育、网络教学、多媒体教学等成为当今教育的重要方式,构成了教育教学不可缺少的环节。这种变化除了对教师的教学方式方法提出新要求外,同时也对教师有了新的期望和要求。这就要求教师适应这种变化,突破传统的教员角色,努力树立教育信息化潮流下新的教育者形象。

　　其次,现代教育过程中的管理模式发生了变化,原有的集权式管理已经不能适应现代学校的发展要求。新的教育管理观要求教师和学生都参与到学校管理过程中来,教师也担当起管理者的角色。在我国,新课改还要求教师成为学校课程的领导者。另外,教师还要营造一种接纳性的、支持性的、宽裕的课堂氛围,创建能引导学生主动参与的教育环境,要让学生参与制定制度,参与管理过程,养成应有的责任心和使命感,并成为对自己负责的人。

　　再次,新课改还要求教师成为研究者和校本课程建构者。我国新课改成功与否,关键在于课程的实施者——教师。传统的课程计划执行者的角色已使教师无法适应新课程改革的需要,他们必须参与到课程的研究中去,不断反思自己的教学实践,不断地关注和研究中国乃至整个国际社会的教育变化。当然,教师成为研究者,是要求教师为了改善自己的教育和教学工作而去研究教育问题,而不是为了研究而研究,不是为了宏观的理论构建。此外,新课改突破了传统的中央集权式的课程管理模式,实施国家、地方、学校三级课程管理新模式,学校成为课程领导者,并承担起校本课程开发的任务,相应地,教师也要承担起校本课程开发者的角色。

　　此外,讲到学校环境,我们不得不讲一下学校文化。通常说的学校文化由四个要素组成,即物质文化、行为文化、制度文化和精神文化。学校物质文化,主要包括各种教学、教研、生产和生活资料以及校园环境;学校行为文化,主要包括校园主体的各种行为方式,以及在此基础上形成的校风和班风,核心是教风、学风;学校制度文化,主要包括各种规章制度、教学、科研、生产和生活的模式,群体行为规范、习俗等;学校精神文化,主要包括学校文化观念,历史传统,为学校大多数主体认可、遵循的共同思想意识、价值观和生活信念。

　　这样看来,学校文化就是在学校环境中,由学校管理者和广大师生员工在教学、教研、生活等各个领域的相互作用中所创造出来的一切物质的和精神的产物以及创造过程。它是一个多层次的有机复合体。从内部结构看,它可以分为四个层次,第一层次是学校物质文化,也叫载体文化,它是学校文化水平的外在标志。第二层次是学校行为文化,它是学校的"活文化",是学校文化的晴雨表。第三层次是学校制度文化,也称规范文化,它既是文化活动的准则,本身又是文化的组成部分。第四层次是学校精神文化,包括心理的、观念的两个方面,它是学校文化的核心和灵魂,也是学校文化建设应当着力的关键。

就其关系而言,学校物质文化是学校文化的基础;制度文化则作为一种"上层建筑",反映校园主体文化活动的规则;精神文化是校园文化的核心;行为文化是学校文化的具体体现。应当指出,学校文化与教育、教学的内容具有密切联系,同时,教和学两个主体以及教学内容的存在给学校文化以极大影响,它们是形成学校文化特殊性的主要原因。

长期以来,人们对"学校文化"的认识,普遍地是与"校园文化""学校环境""潜在课程"等同使用,以为学校文化主要是以学生为主体,以第二课堂为主要空间的文化活动。这恐怕不是一个全面的认识,而是对学校文化作了比较狭义化的理解。事实上,过分强调学生的主体性,容易看轻教师的主体性。由此形成的"学生主体,教师主导"的思维定式会导致学校文化建设中教师主体性缺失。其实,文化是"人的本质力量对象化"。教师与学生是通过校园这一共同环境,使师生的本质力量得到对象化。教与学,课堂教育的这一关系体现在校园文化建设中,教师不仅从知识的传授者转化为文化建设的参与者与文化成果的享受者,更是在学校文化的推动、濡染、改造下获得自己的专业发展,使得教师能够从"工匠型教师"转型为"专家型教师"。学校文化对教师的生涯发展作用主要体现在以下几个方面。

首先,学校物质文化是教师生涯发展的前提和基础。"物体在空间的位置并不是随心所欲排列的,以物理形态出现的空间体现了事物的精神。"学校物质文化是学校文化的有形外壳,它以物质为表,蕴文化于内,因而其构成要件主要体现在两个方面,一是学校的物质结构本身,学校物质文化首先是以看得见、摸得着的物质形态存在,以此构成学校文化建设和学校发展的物质基础;二是蕴含在这些物质上的思想、规范和价值以及人们对待物质环境的态度。

学校的"物质"之所以有"文化",是因为人文色彩蕴含于自然环境之中,以特有的象征符号潜移默化地影响着在校内学习、工作、生活的人们。从浅层上说,是为学校师生的学习和生活以及学校的发展提供物质条件;而从深层上说,是以物质作载体来外显学校精神文化,建构深具人文气息的学校教育环境,以此传递学校的思想、规范和价值,影响学校成员的心理意识、价值观念、态度与行为。

学校物质文化对教师发展的意义主要体现在以下几个方面:①经过精心设计和安排的地理环境、建筑风格、人文景观,必然是一定历史的沉淀,是教育思想的反映和具体体现。尽管其标志和体现的水平有高低之分,深浅之异,但它们都是以丰富的人类思想和深厚的文化底蕴为依据,这些物质标示物可能成为他们心灵世界的庄重之物和精神依托,形成对学校的归属感和认同感。满意度的提高,自然会激励教师不断提升自己的专业能力,为其专业发展打下良好的精神底色并提供必要的心理准备。②良好的场地设备(教室、实验室、运动场馆和艺术馆室)提供了教师科研教学的物质基础,是保证学校教学、科研活动的首要条件,为教师专业发展提供了必要的空间。③在空间进行各种活动中不断加深与周围师生的情感,在不知不觉中激励教师勤奋学习与工作,也为教师专业发展提供了动力资源。④其他物质文化,如学校的电教传媒、图书馆、报纸杂志等文化传播设施,它们都在为教师专业成长提供各种保障,发挥着各自不同的特点和独到的作用。

其次,学校行为文化可以更新教师教育观念,促进教师专业能力。所谓行为文化,是全体师生员工在长期的教育教学、管理服务、学习、生活等实践中所形成的各种行为方式、行为规范和行为习惯。行为文化是学校文化的动态层面,体现着学校文化的独特风貌。教职工展现在学生面前的所有行为,都会给学生以文化的影响;学生的一切行为,都是对学校文化一个侧面的写照;校园的一切文化活动,都将对师生产生文化素质的教育作用。

学校行为文化的成效可以表现在细节常态上。细节决定成败,成效贵在常态。学校的细节很多,小到学校的铃声、色调、声音、厕所、符号、树木、课间、数据、早操,大到学校的晨会、艺术节、典礼、运动会、社团等。有专业意识的教师就会关注学校常规管理细节,抓好事关学生成长的每个细节。因为他们清楚:教育的意图就潜藏在学校生活最常态的形式背后,潜藏在学校的许多细节之中,而许多对学生终生有益的素质、习惯和信念,都在这不经意间的细节中悄然养成。所以,有位教育家讲过:"教育无小事,事事皆教育。"教育就是这样简单。不要小瞧教育教学过程中的细枝末节,他们有可能影响学生一生的发展。

同时,学校行为文化的成效体现为学校各种有组织的文化活动。以师生共为主体的校园文化,既能避免校园文化中学生单一主体产生的自发性与盲目性,同时也能使教师在文化活动中发现自我、表现自我进而使更新自我的主观能动意识得以充分发挥,这也是教师形成专业意识所必需的。实践证明,以拓宽学生视野,完善知识结构为目的,融思想性、学术性、教育性为一体的各种讲座、文化论坛、与名师面对面等活动之所以深受学生欢迎,成为校园文化一道亮丽的风景,是因为这些文化形式具有文化的丰富性、传播手段的多媒介性,体现了教师在校园文化中的建设与引导作用,也让教师的专业性得到很好体现。教师与学生在校园这个共同家园中通过文化对话、沟通与创新,共同迎来校园文化的发展与繁荣。

再则,学校行为文化的成效更是落实在教师日常进行的课堂行为中。作为新课程实施者的教师,其行走课堂的教学形式也是学校行为文化的一部分,今天的教师在课堂内外仅仅局限于个体的"职业技能训练"是远远不够的。应当增强自己的实验意识,不断提醒自己是教育的研究者,努力致力于通过研究性教学的实践,去摆脱"应试教育"的束缚,创造出崭新的素质教育的"课堂文化"。而在自身的发展过程中,对教学进行持续不断的实验和批判性反思就显得尤为重要,也是促成专业能力的很重要的手段。

第三,学校制度文化为教师专业发展提供平台,把握方向。所谓学校制度文化是指社会期待学校具有文化,包括信念、价值观、态度及行为方式等。它体现着社会对学校在文化方面的要求,并通常以国家或政府机关所颁布的与学校及其成员直接有关的法律、章程、守则和规定为准则。如《教育法》《教师工作规范》《中学生品德教育大纲》《中学生守则》等都是学校制度文化的组成部分,是保证学校正常运行的组织形式;就教师成长而言,也保证了专业发展的方向。从本质上讲,学校制度文化承载或表达的都是精神或观点文化。不同层次、不同性质的学校有不同的组织形态和体系。但由于学校制度文化并不都是由学校自身规定的,因而它对学校来说,起码在起始阶段带有强制性,是一种"外在的文化",或者说是"纯制度文化",只有当这种"外在文化"被学校成员所认可、所接受,从而转变为学校"内在文化"时才能对学校成员行为、学校教育活动有深层的影响。

第四,学校精神文化可以引领教师的专业精神,提升教师的专业品质。学校精神文化是学校文化的深层表现形式,指学校在长期的教育实践过程中,受一定的社会文化背景、意识形态影响而形成的为其全部或部分师生员工所认同和遵循的精神成果与文化观念,表现为学校风气、学校传统以及学校教师员工的思维方式等,可以说是学校整体精神面貌的集中体现。学校精神文明建设的核心应该是学校的办学思想、教育理念、价值观念、思维方式。教师的专业品质源自精神文化滋润的知识和教学,教师不只在于教给学生多少知识,而更在于让学生领悟和生成一种相应的精神文化,以学科的精神文化培育人。同时,教学活动的本身也不仅在于结果如何,而更在于让学生领悟和体验教学过程中的教育性,以教学过程的精神文化培育人。教师的专业品质源自融洽的师生关系、和谐的人文环境、平和的生活气息、积极向上的精神状态、健康丰富的资质素养。好的教风产生刻苦勤奋、脚踏实地、上进求真的良好学风;不良教风则惯纵助长得过且过、不求上进、浮躁放纵的坏的学习风气。教师把微笑带进课堂,把激情融入教育,学生才能总是保持旺盛的学习干劲,刻苦主动,从而形成良好的学习习惯和学习风气。

总之,一所誉满社会的名校是靠精神站立的,这种精神引领着教师的专业精神,提升着教师的专业品质;反过来,支撑一所誉满社会的名校的正是那些具有专业精神、专业品质的教师,他们充满奋斗的激情,充满体恤的关爱,也充满人性的光辉,凝炼、形成和培育深沉厚重的学校精神文化。

生涯故事

南京师范大学附属中学语文老师王蕾这样比喻教师的"职业认同":三个建筑工人造房子,有人问他们在做什么。第一个人回答,我在造房子;第二个人回答,我在挣钱;第三个人回答,我在造最美丽的建筑。与之类似,教师也一样,有人只看到了工作本身,觉得自己就是在做教师;有人把教师当作一种谋生手段,就是为了挣钱;还有人把教师看作人类灵魂的工程师。第三种才是从内心里对工作认同,看到了工作过程中的意义和价值。

"能不能发现工作的意义和价值,对工作热情、创造性、积极性的发挥都很重要,否则教师就可能成为贩卖知识的工具。"王蕾说。

王蕾连续几年教高三毕业班,他认为高中是中学生成长的关键阶段,应该注重与学生的情感交流,并鼓励学生接触一些课业之外的思想和知识。但他却陷入了尴尬:高三的学生有时候觉得他讲远了,他们更关注解题要领以及能够立竿见影的应试策略。情感交流在客观上耽误了学习时间,家长也会提意见。

但王蕾却一直在坚持,教师不仅要为学生的眼前着想,更要为学生的长远着想。这是王蕾对自己的职业态度。

从案例中我们可以看出想要做好一名教师首先就要从自己的心理上接受教师这一职业,只有从心理上接受了这一职业才能做好这一个职业,学生们也能从中受惠。从王蕾这一案例中我们可以看出来,王蕾老师更多的是为了学生的未来着想,而不是眼前的高考利益,在不久的将来他的学生会有别的学生没有的广阔视角,看问题的方式方法必然也是多元化的。因此,教师自己的心理认同很重要,有了心理认同就会有一定程度的不安感,而这种不安感就是教师前进的动力。在定好了目标之后,教师自己就会一往无前,收益的也是广大的学生群体。

可见,教师对教育职业是否已经内心中认同了,是在职业生涯规划中考察教师个体环境的一个重要环节。此外,我们还要考虑教师自身的一些环境,如学历、职称、所教授学科特点,对教学工作、学生管理工作的适应程度等;另一方面,也需要考虑教师的家庭环境,如家庭是否具有较重的经济压力,教师子女的发展,等等。

首先,教师的学历、职称等影响教师的职业生涯规划。当前,教师的竞争十分激烈,一方面表现为要进入这个职业的人群在不断扩大,对于在职教师构成潜在威胁;另一方面,新入职教师的学历不断提升,从大专到本科,现在很多研究生、博士都考虑着进入中小学,这对在职教师,特别是那些学历不是很高的教师构成巨大的压力。此外,当前教师的职称压力也是空前的,有很多老师在入职前教育中缺乏进行教育教学研究的系统训练,没有养成在工作中思考并将经验进行提升的习惯,面对需要科研成果的职称评审时就显得力不从心。

其次,教师面对多样性社会的自我概念意识也在影响教师的职业发展。在当今社会,学校教育资源更具有开放性和多样性,教育内容异常丰富,教育教学手段也随着科技的突飞猛进而迅速发展。教师若不能适应形势的变化,提高自己的教育专业素质,就无法担当应承担的角色。例如,信息技术已经逐步在学校普及,教师必须具备一定的信息素养,能够清楚地意识到何时需要信息,并能确定、评价、有效利用信息以及利用各种形式交流信息的能力。教师若是缺乏较好的信息素养,便难以承担起学生的信息资源查询者和教育资源开发者等角色,直接导致信息化教学的失败。

第三,教师心理健康影响教师职业生涯的可持续发展。全面发展是21世纪对人才的要求,学生不但要具备扎实的知识、较强的实践能力,同时还要具备健全的人格、健康的心理和文明的行为。教师角色的示范性,决定了教师在人格、心理健康、文明行为等方面的素质对学生具有不可替代和不可低估的作用。教师要想在这些方面给学生提供足够的影响和帮助，那么就必须至少在这些方面具备较好的素质。比如，当学生有心理或生活上的疑惑和困难时，他们通常愿意向值得信赖的教师咨询。教师要想很好地面对这种情境，首先必须自己心理健康，同时具备一定的青少年心理知识，还应该做到和蔼可亲、平易近人，能够为学生解决心理问题，成为学生心理健康的示范者、辅导者和帮助者。

第四，教师的家庭稳定是其更好地进行教育教学、全心身地投入到培养人的活动中去的保障和基础。如果一个教师家庭不稳定，常常为家庭的事情烦恼，如家庭矛盾、孩子的教育问题、家庭的经济问题等，使得教师无法全身心地投入教学，肯定影响教师的可持续职业发展。因此，在评估个体环境时，一方面评估自己本身的环境，如学历、职称、授课学科特点等，还需要评估家庭环境对教师投入教学工作的支持程度。

第五章 我将往何处——教师职业发展方向决策

职业发展方向的决策是职业生涯规划的关键部分，一个人一旦选择了教师这个职业，就会面临多种发展的可能，成为专业能手还是管理能手，侧重科研发展还是教学发展等。教师从多种可能的发展方向中选取一种最适合自己的发展方向就是职业决策的过程。

本章主要介绍职业发展方向决策的方法和技巧，以供读者在进行职业决策时进行参考。

生涯故事

曾有许多人问我：你是做什么的？我总是微笑着告诉他：我是教师。总有一些人带着羡慕的口吻历数做教师的种种优越：工作轻松，假期舒服等。对于他们的看法，我总是一笑置之。许多事情如果不亲身经历又怎能得到完整而深刻的认识？做教师所要面对的压力不是三言两语所能概括的。如果有人进一步问我：你是怎样的老师？我想我肯定会愣在那儿。虽然我的目标是做一名优秀的教师，可是优秀和不优秀之间似乎没有明显的界限。学生时代，曾经唱过《长大后我就成了你》，于是就激情澎湃地想在三尺讲台上奉献自己的青春。工作了，听过一些优秀教师的演讲、报告，想向许多先进的教师看齐，于是就兢兢业业地工作。可是因种种原因，我始终觉得自己不是一个优秀的老师，这种挫折感让我很受打击，使我开始怀疑自己：自己适合做老师吗？当初选择这个职业是否正确呢？

案例中的教师在从教几年后，对自己是否适合教师职业产生迷茫，需要重新再探讨和确定自己的发展方向。在本章中，主要介绍一些常用且有效的职业生涯决策方法，以期帮助教师更好地决策自己的职业生涯发展方向。

小贴士

个人情况与教师生涯发展的关系

职业生涯设计大师霍兰德将人的人格分成六种类型，一般人具备的人格可能是其中一种或两种以上的混合类型。一个人的人格不但影响他对教学的态度，还会影响他的教学风格。如果一个人所从事的职业与自己的人格相适应，工作起来就会感到得心应手，心情舒畅，取得比较好的绩效。如果一个人的人格与职业不相适应,他的个性就会影响他的工作效率,使他感到被动、缺乏兴趣并难以胜任。

从教师职业所要求教师具备的人格修养来看,研究者曾对荣获市级乃至全国荣誉称号的 438 名上海市中小学教师,用科特尔 16 种人格因素量表进行测试。结果表明,优秀教师人格类型明显偏向外向性一边。同时发现,优秀教师在"稳定性""自律性""乐群性""聪慧性"上的得分均高于普通人半个标准以上。因此,研究的大致结论是:适合做老师的人,特别是做优秀教师的人,最好是那些情绪稳定性高、较少感情用事、性格偏外向、热情而老练的人。

由此看出,个人的兴趣爱好与职业的匹配程度也是影响教师专业发展的重要因素。教师的专业成长取决于能力、兴趣、价值观等特征,取决于特定工作环境与个性特征的适宜程度。个体的兴趣与爱好可以为其职业生涯发展提供机会,如果教师职业能够满足其兴趣,为其提供个体能够获得成就感的机会,就会对教学活动起促进作用。

第一节　SWOT 分析法

SWOT 分析法是指个体通过分析自己的性格、能力、爱好、长处、短处、所处环境的优势和劣势,以及一生中可能会有哪些机遇,职业生涯中可能有哪些威胁,将自身条件和需求与外部环境结合起来,制订职业生涯规划。一般来说,决策者在进行 SWOT 分析时,应遵循以下四个步骤。

(1)优势分析。优势分析主要是分析自己出色的地方,特别是相对于其他竞争者的优势方面。我们每个人都有自己独特的技能、天赋和能力。在当今分工非常细致的市场经济社会里,每个人擅长某一领域,而不是样样精通。比如,有些人不喜欢整天坐在办公桌旁,而有些人则一想到不得不与陌生人打交道时,心里就发麻,惴惴不安。寻找职业方向,往往是要从自身的优势出发,以己之长立足于社会。

在 SWOT 分析表里,列出你自己喜欢做的事情和你的长处所在(如果你觉得界定自己的长处比较困难,你可以找一些测试习题做一做,做完之后,可以发现你的长处所在),主要包括以下几个方面。

第一,你学习了什么。在学校实习期间,你从专业学习中获取些什么收益,接受过什么培训,自学过什么,有什么独到的想法和专长,参加过什么社会实践活动,提高和升华了哪方面知识,获得何种证书。专业也许在未来的工作中并不起很大作用,但在一定程度上决定自身的职业方向,因而尽自己最大努力学好专业课程是实现理想职业目标的前提条件之一。

第二,你曾经做过什么。即自己已有的人生经历和体验,如在大学期间担任学生干部,曾经参与或组织的实践活动,取得的成就及积累的经验,获得的奖励等。

经历是个人最宝贵的财富,往往从侧面可以反映出一个人的素质、潜力,因而备受用人单位的关注,不可掉以轻心。在自我分析时,要善于利用过去的经验选择来推断未来的工作方向。

第三,最成功的是什么。你可能做过很多事情,其中最成功的是什么,为何成功,是偶然还是必然。是否是自己能力所为? 通过对最成功事例的分析,可以发现自我性格方面的优势,比如坚强、果断、智慧超群,以此作为个人深层次挖掘的动力之源和魅力闪光点,这也是职业规划的有力支撑。

(2)劣势分析。劣势分析主要是分析经验与经历中所欠缺的方面,尤其是落后于竞争对手的方面。"人无完人,金无足赤。"由于经历的不同,环境的局限,每个人都无法避免一些经验上的欠缺,特别是面对招聘单位纷纷打出数年工作经验条件的时候。有欠缺并不可怕,怕的是自己还没有认识到或即使认识到而一味地不懂装懂。正确的态度是:认真对待,善于发现,并努力克服和提高。找出你的劣势与发现你的优势同等重要,因为你可以基于自己的优势和劣势作出两种选择:一是努力去改正你常犯的错误,提高你的技能;二是放弃那些对你不擅长的技能要求很高的职业。劣势分析主要包括以下两个方面。

第一,性格弱点。如不善交际、感情用事等。人无法避免与生俱来的弱点,必须正视自己的不足,并尽量减少其对自己的影响。譬如,一个独立性强的人会很难与他人默契合作,而一个优柔寡断的人绝对难以担当组织管理者的重任。卡耐基曾说:"人性的弱点并不可怕,关键要有正确的认识,认真对待,尽量寻找弥补、克服的方法,使自我趋于完善。"找出自己的弱点并想办法克服,将有助于自我提高。

第二,经验或经历中所欠缺的方面。例如,学管理专业,却没有当过学生干部,至今没有管理经验;学中文或新闻专业,没有到报社或杂志社实习,缺乏实践经验;学市场营销专业,没有营销策划和实践体验等,这些都是经历的欠缺。

(3)机会分析。机会分析是指分析有利于职业选择和发展的机会,并在 SWOT 分析列表中列出。主要包括以下几个方面的机会分析。

对社会大环境的认识与分析当前社会政治、经济、科技文化发展趋势是否有利于所选职业的发展,具体在哪些方面有利。

对所处环境和以后所选择单位的外部环境分析目前哪些因素对自己有利,将来所选择的单位在本行业中的地位和发展趋势如何,市场竞争力又如何。

以人际关系分析哪些人对自己的职业发展会起到帮助作用,能持续多久,如何与他们建立并保持联系。

(4)威胁分析。威胁分析是指分析外部环境中存在潜在危险的方面。你需要对所处环境和以后所选择的单位各种内部危机进行分析。行业是否萎缩,单位是否重组或改制,有无空缺职位,竞争该职位需要哪些具体条件,有多少人和自己竞争这个职位,目前有哪些因素对自己不利,等等。不同的行业都面临不同的外部机会和威胁,所以,找出这些外界因素对确定一个理想的职业生涯目标是至关重要的,因为这些机会和威胁会影响你今后的职业发展。

所以,在 SWOT 分析中也需要列出感兴趣的一两个行业,然后认真地评估这些行业所面临的机会和威胁。表 5-1 是一个 SWOT 分析表,供大家参考。

表 5-1　SWOT 分析表

优　势	机　会
1. 曾经做过什么 2. 学习了什么 3. 最成功的是什么 4. 利用优势和机会组合	1. 对社会大环境的认识与分析 2. 所选企业的外表环境分析 3. 人际关系分析 4. 改进劣势和机会的组合
劣　势	威　胁
1. 性格弱点 2. 经验或经历中所欠缺的方面 3. 消除劣势和威胁的组合	1. 单位要重组 2. 新同事或竞争对手实力增强 3. 领导发生变化 4. 监视优势和威胁的组合

在表 5-1 中列出你的性格、能力等方面的优势,并说明如何发挥它们;列出你性格、能力等方面的不足并说明如何克服它们;列出外部环境对你的职业发展的有利方面,并说明如何把握它们;列出外部环境对你的职业发展的不利方面,并说明如何规避它们。

在仔细地对自己做一个 SWOT 分析评估后,可以列出你从学校毕业后 5 年内最想实现的职业目标。这些目标可包括:你想从事哪一种职业,你将管理多少人,或者你希望自己拿到的薪水属哪一级别。请时刻记住:您必须竭尽所能地发挥出自己的优势,使之与行业提供的工作机会完满匹配,然后制订一份策略性的行动计划,务必保证有效地完成它。

第二节　生涯平衡单法

生涯故事

一位教师 40 岁生日时,在自己的博客上写下了这样一段话:

俗话说:三十而立,四十不惑。可是对于过去的 40 年,尤其是担任教师的近 20 年,自己感觉不是很满意,而对于未来,更加忐忑不安。教书快 20 年了,自己感觉还是摸索出了一点经验,对于教书育人,面对一批又一批的学生,自己感觉还是问心无愧的。但在学校里,领导是组织,工作安排、业绩评价、职称待遇、发展前途全捏在他们手中,带什么样的班、与哪几个科任教师搭配,全由领导说了算。就在我40岁生日的夜晚,面对电脑屏幕,我突然怀疑:自己是不是还能培养出更多的优秀学生,是不是还能转化更多的差生? 今天的工作和十年前有差别吗? 那么展望后十年,我仍心有余悸,心中充满无奈。我是不是还能继续为这份工作全心付出,一如往昔?

(http://chenjianhua.bokee.com/4317628.html[2013-06-25])

从这个案例中我们可以发现,这位40岁的老教师对自己未来的职业生涯发展道路产生了怀疑,这种情况下我们应该如何应对? 在此我们就提出了"生涯决策平衡单"。

小贴士

平衡单的四大主题

平衡单(balance sheet)由詹尼斯和曼(Janis 和 Mann)在1977年所设计,他们将重大事件的思考方向集中于四个主题:

(1)自我物质方面的得失(utilitarian gains or losses for self)。

(2)他人物质方面的得失(utilitarian gains or losses for significant others)。

(3)自我赞许与否(self-approval or disapproval)。

(4)社会赞许与否(social approval or disapproval)。

在我们讲解如何运用生涯平衡单之前,我们先来看看教师的教龄模式:

1~3年为生涯起点:教师生涯前三年,因为工作的复杂性和压力,往往怀疑自己是否适合从事教师职业,投入教育的热情日渐消减。

4~6年为稳定阶段:经过前三年的磨炼及适应,教学技能逐步形成,教学压力得到一定的释放,教师对教学较为投入,表现出自信、愉悦和幽默,工作进入一种相对稳定的阶段。

7~18年为行动主义阶段或自疑阶段:有些教师经过多年的教学经验积累,开始尝试各种不同的教学策略,以提高教学质量;有些教师却因为工作的稳定性而怀疑是否有必要投入一生的心力于教师职业,因而选择离开教职工作。

19~30年为平静阶段或保守主义阶段:由于年龄已到中年,体能及热情均处于衰退中,大部分教师能平静地对待这一过程;还有部分教师因为已具备丰富的教学经验,常对教育改革持保守态度。

31~40年为脱离阶段:此时,教师已临近退休,部分教师坚守教学岗位,以平静方式等待退休;部分教师采取消极方式,选择提前离开教职。

在使用平衡单进行职业生涯发展方向确定时,要充分考虑到教师的教龄模式。下面我们就完整地介绍一下生涯决策平衡单。

步骤一：开放性的心理自白

决策者第一步采用的是一个开放性的心理自白方式,在心理自白中决策者要如实说出心里觉得最重要的几个选择,以及这些选择可能导致的不同结果。可以试着自问以下问题:

①我对自己的工作怎么认识,为取得职业的成功,有没有明确、具体的计划。

②我曾经考虑过各种职业发展意向,可不可以将最近几个月来仔细考虑过的发展意向列出来。

③请将几个自认为最合适的职业发展意向按先后顺序列出来。

④现在,将注意力集中在两个最优先考虑的职业发展模式:_____和_____,这两种发展模式各有什么优点和缺点?

先从选择的第一个职业发展模式开始:_____。试着想想看,选择这个职业发展模式可能具备的优点和缺点是哪些,能不能多想一些。_____。还有呢?

好,现在再看第二个选择,_____。选择这一个职业发展模式的话,会有哪些优点和缺点;能不能再多找一些出来,还有没有?

⑤现在,假设今天自己必须下决心作最后的决定,会觉得如何? 现在自己要做的是分析一下有关作最后决定的各种想法,以便作出最有利的决定。

步骤二:使用平衡方格单

为了使决策者能将所有可能的想法都具体地呈现出来,必须在使用平衡单之前,先填写"平衡方格单"。每一个选择,使用一张平衡方格单,在填写之前,要充分考虑四个大类的意义及范围。

先填写第一和第二优先考虑的职业发展模式,在所有重要的想法都列出来之后,再依次填写选择的其他职业发展模式。此时你纷乱无序的各种念头已化为有系统的文字叙述。然后,你再提醒自己"再仔细看看,有没有遗漏的?"

考虑项目	第一方案		第二方案		第三方案	
	得(+)	失(−)	得(+)	失(−)	得(+)	失(−)
1.适合自己的能力						
2.适合自己的兴趣						
3.符合自己的价值观						
4.满足自己的自尊心						
5.较高的社会地位						
6.带给家人声望						

续表

考虑项目	第一方案		第二方案		第三方案	
	得(+)	失(-)	得(+)	失(-)	得(+)	失(-)
7. 符合自己理想的生活形态						
8. 优厚的经济报酬						
9. 足够的社会资源						
10. 适合个人目前处境						
11. 有利择偶以建立家庭						
12. 未来有发展的可能						
合计						
得失差数						

步骤三:实践与反思

回顾平衡单的各项得分,结合职业发展实际,仔细分析最终的方案,并深入思考,这一决策对自己职业生涯后续发展的意义。

第三节 生涯愿景模型法

生涯故事

来自一个离岗教师的自述:

当我还是教师的时候,我就积极从事工会工作。我之所以参与工会活动,是因为我看到学校和学区行政管理人员的行为主观武断、反复无常。我在工会中有一些朋友,我们认为使工会更强大是还击的一种方式,所以,我成了当地大约1 300名会员工会的主席。我是谈判团队的成员之一,我发现在某些方面,我做的工会工作几乎跟教学工作一样多。根据协议,作为工会主席,我一年要有20天用于处理工会事务。我已经结婚了,有两个孩子,我几乎每个晚上都要忙于工会事务到午夜。我想妥善处理好我亲眼目睹的那些糟糕的事情。有一天,我意识到就像我能成为一名全职教师一样,我也能成为一名全职的工会工作人员,有效地从事我的工会事务。假如我对教学有什么失望之处,那完全是因为我看到了行政管理人员主观武断、反复无常的行为。我和孩子们相处,直到最后一刻都是令人兴奋的,但是,为了工会工作,我不得不离开教学岗位。

从案例二我们能够看到这名离岗教师内心的挣扎,在面对抉择时该如何面对,首先要做的就是聆听你的内心。个人愿景是发自个人内心的、一个人真正最关心的、一生最热切渴望达成的事情,它是一个特定的结果,一种期望的未来或意向。每个人都会有一个对未来的美好规划和设想,当你为一个自己认为至高无上的目标献出无限心力的时候,它会变成一种自然的、发自内心的强大力量。

你需要将自己的愿景发掘出来,并有清晰的认识。愿景有多个方面,有物质上的欲望,也有关于个人健康、自由方面的欲望,还有在社会贡献方面对某领域知识的贡献等,所有这些都可成为人们心中真正愿望的一部分。总的来说,个人愿景主要包括以下几个方面。

自我形象:你希望成为什么样的人? 即你可以变成你向往的那种人,你会有哪些特征?

有形财产:你希望拥有哪些物质财产? 希望拥有多大的数量?

家庭生活:在你的理想中,你未来的家庭生活环境是什么样子?

个人健康:对于自己的健康、身材、运动及其他与身体有关的事情,有什么期望?

人际关系:你希望与你的同事、家人、朋友和其他人保持哪一种关系?

职业状况:你理想中的职业状况是什么样子? 你希望你的努力可以发挥什么样的影响力?

个人休闲:在个人学习、旅游、阅读或其他的活动领域中,你希望创造出什么样的成果?

花一点时间,静静地思考你想要的生活全景,弄清楚自己内心的渴望。努力去实现这个愿景的过程,也会是一个内心愉悦的过程。

每个人都有自己的愿景,但在很多情况下,人们对自己的愿景往往是模糊的,这样就会造成行动的盲目。因此,对于每个人来说,关键并不是如何建立个人愿景,而是如何清理个人愿景。具体的操作请跟着下面的提示来完成:

请你回顾在你的中小学时代、高中毕业时代、大学时代都有过哪些个人愿景,其中哪些愿景实现了,之后的心情如何? 哪些还没有实现,原因是:

_____

_____

_____

想象实现愿景后的情景(假如你得到了深深渴望获得的成果):这到底是什么样的情景,你怎样来形容它? 你的感觉如何? 这种感觉是不是你真正想要的?

_____

_____

_____

检验并弄清楚愿景(分步检视你写下来的个人愿景所组成的清单和每个方面,从而找出最接近你内心深处的层面):如果你现在就可以实现愿景,你会接受它吗? 如果你现在就实现愿景,这愿景能为你带来什么? 你接受了它,你的感受又怎样?

_____

_____

_____

在个体理清自己的愿景的方法中,生涯幻游是一个不错且常常被用到的技巧。所谓的生涯幻游是结合音乐,通过幻游的方式,帮助个体引领出心象的视觉空间,降低个体日常生活对自己的最真实需求的压抑和压制,发现内心最需要的那个东西,就是我们所谓的"Higher Call"。进行生涯幻游活动,可以是团体形式,也可以是个体形式。当前,这种活动方式用在团体生涯规划中比较多。接下来,请试试生涯幻游吧。

体验练习

生涯幻游

请务必尽量跟着指导语去做,在幻想的过程中不要给自己压力,顺其自然,跟着感觉走。好,大家首先选择一个自己认为舒服、放松的姿势坐好,可以靠着、趴着。

好,现在请你闭上眼睛,接下来,坐上时空隧道机跨越时空,到2025年的世界!好,时空隧道机已经启动了哦! 想象一下,时间一直在流动,慢慢地流到了2025年! 算一算,这个时候的你多少岁? 这时的你,会是怎样的一个人呢? 容貌有什么变化? 更高、更瘦,还是胖了呢? 请你尽量想象自己那个时候的情形,想得越仔细越好。

好,你现在正躺在家里的床上。这时候是清晨,和以前一样,你从睡梦中醒来,首先看到的是卧室的天花板,看到了吗? 它是什么颜色的呢?

接着,你下床了。走到浴室刷牙洗脸,看看自己的脸,是什么样子的呢? 洗完脸,你来到衣柜前,准备换衣服上班。你打算穿什么衣服去上班? 穿好衣服,你来到了餐厅,早餐吃的是什么? 和你一起用餐的有谁? 是父母,还是你的丈夫妻子或儿女?

吃完了早餐,你准备到工作的地点。你回头看一下你家,它是什么样的房子呢?周围的环境怎么样呢?然后,你搭乘什么交通工具上班?骑车、开车或坐公交车,还是别的?你快到达工作的地方了,先注意一下,这个地方看起来如何?好,你进入工作的地方,跟同事打了招呼,大家怎么称呼你呢?其他人在做什么?你该做些什么工作呢?

中午的时候,上个月的薪水发下来了,大概有多少钱?一天的时间很快过去,该是睡觉的时候了,你躺在早上起来的那张床上,请你回忆一遍这一天的工作和生活。你满意吗?过得愉快吗?

好,时空隧道机又渐渐把我们载回了今年。我们渐渐地回到现在的现实里,好,我们已经到了,请大家睁开眼睛,先活动一下手脚。

幻游结束后,请填写以下表格思考一下,不同的生活形态对自己的重要程度,并客观思考,如何才能让自己过上这样的生活?

序号	生活形态项目	很重要	有点重要	不是很重要	非常不重要
1	住在空气清新的乡村				
2	住在生活便利的城市				
3	居住的邻居高素质				
4	有充裕的工作闲暇做自己喜欢的事				
5	可以自由支配自己的时间				
6	每天准时下班				
7	能自由支配自己的金钱				
8	每天有固定的时间和家人相处				
9	家庭幸福美满				
10	居住在小孩上学方便的地方				
11	有崇高的社会声望				
12	担任高级的管理工作				
13	有很多死忠的好友				
14	拥有丰富的经济收入				
15	每天运动、锻炼身体				
16	和家人共享假期				
17	生活富有挑战				
18	贡献自己所能,参与社会服务				

实践与反思

整理一下自己认为重要的生活项目,有哪些?

_____

_____

想一想,未来要达到自己想要的生活,现在要作哪些努力?

_____

_____

第四节 五"What"法

"五 What"法共有 5 个问题:who are you? What you want? What can you do? What can support you? what you can be in the end?

回答上述 5 个问题,找到它们的最高共同点,就有了自己的职业生涯规划。对于处在教师职业生涯开端的年轻教师,此方法很适用。

对于第一个问题"我是谁"。应该对自己进行一次深刻的反思,有一个比较清醒的认识,并将优点和缺点一一列出来。

第二个问题"我想干什么?"是对自己职业发展的一个心理趋向的检查。每个人在不同阶段的兴趣和目标并不完全一样,有时甚至是完全对立的。但随着年龄的增长和经历的增多而逐渐固定,并最终锁定自己的终生理想。

第三个问题"我能干什么?"则是对自己能力与潜力的全面总结,一个人职业的定位最根本的还要归结于他的能力,而其职业发展空间的大小则取决于自己的潜力,对于一个人潜力的了解应该从几个方面着手去认识,如对事的兴趣、做事的韧性、临事的判断力及知识结构是否全面、是否及时更新等。

第四个问题"环境支持或允许我干什么?"这种环境支持在客观方面包括本地的各种状态,比如经济发展、人事政策、学校制度、职业空间等;人为主观方面包括同事关系、领导态度、亲戚关系等,两方面的因素应该综合起来看。有时他们在作职业选择时常常忽视主观方面的东西,没有将一切有利于自己发展的因素调动起来,从而影响了自己的职业切入点。在国外通过同事、熟人的引荐找到工作是最正常也是最容易的。当然这和一些不正常的"走后门"等歪门邪道有着本质的区别。这种区别就是这里的环境支持是建立在自己的能力之上的。

明晰了前面四个问题,就会从各个问题中找到对实现有关职业目标有利的和不利的条件,列出不利条件最少的、自己想做而且又够做的职业目标,那么第五个问题有关"自己最终的职业目标是什么?"自然就有了一个清楚明了的框架。

体验练习

我的"五 what"

1. What am I?

优势：

_____

_____

不足：

_____

_____

2. What I want?

_____

_____

_____

_____

_____

3. What can I want?

_____

_____

_____

_____

_____

4. What can support me?

支持：_____

_____

限制：_____

_____

5. What can I be in the end?

_____

_____

_____

_____

_____

小贴士

生涯决策风格

美国职业生涯专家斯科特(Scott)和布鲁斯(Bruce)于1995年认为决策风格是在后天的学习经验中逐渐形成的,将决策风格划分为五种类型:理智型、直觉型、依赖型、回避型和自发型。

(一)理智型 以周全的探求,对选择的逻辑性评估为特征。理智型的决策者具备深思熟虑、分析、逻辑的特性。这类决策者会评估决策的长期效用并以事实为基础作出决策。理智型决策风格是比较受到推崇的决策方式,强调综合全面地收集信息、理智的思考和冷静的分析判断,是其他决策风格的个体需要培养的一种良好的思考习惯。但理智型的决策风格也并不是理想的、完美的决策方式,即使采用系统的、逻辑的方式,也会出现因为害怕承担决策的后果而不能整合自己和重要他人观点的困扰。

(二)直觉型 以依赖直觉和感觉为特征,比较关注内心的感受。直觉型的决策风格以自我判断为导向,在信息有限时能够快速作出决策。当发现错误时能迅速改变决策。由于以个人直觉而不是理性分析为基础,这类决策发生错误的可能性较大,因此,易造成决策不确定性,容易丧失对直觉型决策者的信心。

(三)依赖型 以寻求他人的指导和建议为特征。依赖型的决策者往往不能够承担自己作决策的责任,允许他人参与决策并共同分享决策成果,会受到他人的正面评价,但也可能因为简单地模仿他人的行为导致负面的反应。依赖型的决策者需要理解生活中重要他人对自己的影响程度。

(四)回避型 以试图回避作出决策为特征。回避型的决策风格是一种拖延、不果断的方式。面对决策问题会产生焦虑的决策者,往往因为害怕作出错误决策而采取这样的反应。往往是由于决策者不能够承担作决策的责任,而倾向于不考虑未来的方向,不去作准备,不知道自己的目标,也不思考,更不寻求帮助。这样的决策者更容易受到学校等支持系统的忽略。所以,这些学生需要意识到自身的决策风格及其可能造成的危害,努力调整,增强职业生涯规划的意识和动机,才能从根本上得到帮助。

(五)自发型 以渴望即刻、尽快完成决策为特征。自发型的个体往往不能够容忍决策的不确定性以及由此带来的焦虑情绪,是一种具有强烈即时性,并对快速作决策的过程有兴趣的决策风格。自发型决策者常会基于一时的冲动,在缺乏深思熟虑的情况下作出决策,此类决策者通常会给人果断或过于冲动的感觉。

第五节 本章小结

在教师的职业生涯规划中会出现很多问题,特别是像本章开篇故事中的那位新手教师,在面对现实和理想的冲突时,自我的职业规划该怎样进行? 怎样才能有效地保证教师的职业生涯规划的实施和落实? 我们提出以下几点建议:

第一,相信职业生涯规划永不嫌晚。由于在我国教师职业生涯规划是新近提出的重要命题,大部分中小学教师都已经错过了职业生涯规划的最佳期,所以不少中小学教师认为那是年轻教师的事,跟自己关系不大。其实不然,职业生涯规划不光事关职业的发展和成就,还关系到人生的幸福和教师每天的生存状态。即使是教了很多年书的中老年教师,我认为从当下开始规划自己以后的职业生涯,其意义仍不可小看。

第二,要准确把握自己所处的专业发展阶段及特点。要规划自己首先要了解自己——了解自己的起点与现状、优势与特点、缺点与不足。其中,准确把握自己所处的专业发展阶段及其特点非常重要。关于中小学教师专业发展的阶段,国内外都有不少理论,比如道尔顿等人的阶段理论、AAPA 阶段理论、本纳的教师职业发展阶段理论、休伯曼的教师发展阶段理论、GST 阶段理论和王铁军教授关于名校长名教师教育生命周期的理论等,中小学教师在制订职业生涯规划时都可以参考。笔者这里也提供一种关于教师专业发展的阶段理论。笔者认为,中国的教师可以大致划分为以下五种类型,相应地也就有中小学教师职业生涯的五个阶段:适应型和适应型阶段——刚走上工作岗位,在他人或组织的带领和帮助下开始适应教育教学工作;经验型和经验型阶段——经过若干年的实践、积累,有了一些教育教学的经验;科研型和科研型阶段——不满足于经验,不断尝试着将经验进一步总结、提炼、概括、研究上升为理论;专家型和专家型阶段——经过不断总结、提炼、概括、研究、上升,形成了自己相对完整的理论体系和操作体系,在相关领域获得"话语权";教育家型和教育家型阶段——不仅有自己的理论体系和操作体系,而且理论和实践都具有"原创"意味,并产生了广泛而持久的影响,在教育史上有一席之地。中小学教师制订职业生涯规划时,不妨加以对照,看看自己目前处于哪个阶段,以便更充分、更准确地认识自己。

第三,自己的职业生涯规划要尽量与所在地区、学校的规划、要求相一致。中小学教师的职业生涯规划一定要尽可能与所在地区和学校的整体规划和要求相一致。现实中有些教师制订规划时,从来不关心所在地区、学校,以及地区、学校对自己的期待。这样的规划制订出来后要么实现不了,执行不了,要么就是实现、执行起来非常痛苦。一个好的职业生涯规划应该使我们的老师过更加充实、有效和快乐的职业生活。如果一个教师按照他的职业生涯规划一步一步在做,但是他总是不能从中得到快乐、看到效果、感到充实,就要重新审视这样的职业生涯规划,及时地对自己的职业生涯规划作出调整。调整的方向就是尽量与地区、学校的整体规划和要求相一致。因此,中小学教师在制订职业生涯规划时,一定要充分了解信息——包括当地教育行政部门和学校的发展规划,当地教育行政部门和学校对教师的有关要求,包括职务评聘、学科带头人评选、特级教师评选等方面的标准。

第四,要适当参考专家和别人的意见。不少中小学教师在制订职业生涯规划的时候有一种过度依赖专家和他人的倾向。其实,职业生涯规划是当事人自己的事情,因此一切都得由当事人做主。尽管在整个过程中可以征求专家和别人的意见,但是要"以我为主",不能由别人规划,自己照办。当然,"以我为主"并不是"唯我主义",比较科学的态度是:"以我为主" + "多方参考"。

第五,不妨把规划当作研究来做。科学而有效的中小学教师职业生涯规划需要教师对自身的优势、特点,对规划的环境、条件有充分的认识和把握,这个"知己知彼"的过程实际上应该是一个研究的过程。我主张中小学教师在制订、执行职业生涯规划的全过程中,都能以研究的态度和眼光去对待。这样才能在制订和执行规划的过程中更加清晰地认识自己,更加科学地规划自己,更加有效地提升自己。这样研制形成的职业生涯规划,才会更加科学,执行起来也才会更加有效。一个科学、切己、有效的职业生涯规划,实际上就是一项好的教育科研成果。能不能研制出科学、切己、有效的职业生涯规划,应该可以成为判断一个教师科研水平的重要标准[1]。

---

[1]　金连平. 中小学教师职业生涯规划:概念、问题及对策[J]. 上海教育科研,2010(09):13-16.

第六章 我的规划我做主——教师职业生涯发展规划制订的原则和程序

教师是这个世界上神圣的职业之一,教师总是用点滴汗水点亮学生的漫漫人生之路。在执教生涯之中,每位教师都会经历从初上讲台的青涩到滔滔不绝的职业成长与发展过程。在这个过程中,是什么推动着教师从青涩到成熟,从一颗种子到芬芳四海的花朵?是一个梦,一个关于育人成才的梦;还有一张图,一张从此岸通往幸福执教人生的教师职业发展地图。

本章将介绍教师进行职业生涯规划应该遵循的原则和程序,以帮助读者更好地"寻梦"和"绘图"。

第一节 教师职业生涯规划制订原则

教师职业生涯规划有许多区别于其他生涯规划的特点。首先,教师的职业发展规划具有双重专业化的特点,教师首先是一个教育工作者,在教学过程中要努力使自己成长为教育方面的专家,并且需要关注学生和社会的利益。另外,每位教师往往只教授专门的一门学科,这就要求教师还要成为教授领域的理论与实践专家。教师职业发展规划是一生的事情,规划永远处在变化之中。

其次,教师的职业发展规划具有动态发展的特点。教师的教学对象不是一成不变的,学生在成长,学生所生活的社会环境不断变化,教师的规划怎可能一成不变?教师所处的工作环境、自身心理状况不可能持久恒定,教师生涯规划怎可能一成不变?

再次,教师职业发展规划具有鲜明的个性化色彩。教师群是一个社会群体,但每位教师都有各具特色的气质与人格,结合自己的需要与特质指定的生涯规划也是极具个人色彩的。

教师职业生涯规划有自己的特点,那么在规划过程中,自会有许多需要特别注意的规划原则。

一、自我所需与社会所求相结合

教书育人是教师的天职所在,这也是社会分工中出现教师这一职业的重要原因。社会之所以需要教师这一职业,就是需要有一批专业的人,完成社会培养人才的目标并为社会发展提供源泉。人才培养便是社会对教师所提出的要求,教师职业生涯规划不能偏离这个要求进行。学生是教师的工作对象,在教师职业生涯规划中扮演着重要角色,以学生为本是教师自我所需与社会所求相结合的前提。

二、寻求个性化发展之路

先来看一下邱学华执教生涯的个性化发展道路。

生涯故事

邱学华的人生轨迹与执教经历

邱学华,1935 年生,江苏常州人。1951 年考上高中,但是因为家庭经济困难而辍学。姐姐的一个朋友介绍他到一所乡村小学去填补空缺。因为缺老师,校长虽然嫌他小,但还是聘用了他,安排他教五年级算术,还要教体育、绘画,而且要求第二天开始上课。随后,他在第二年当教导主任,第四年当校长,第五年考上了华东师范大学教育系,毕业后留校任教。

1970 年随妻子下乡分配到溧阳县一所农村中学。1973 年调到新成立的溧阳县师范学校。1979 年回家乡常州,分配在常州市教师进修学院。1984 年评上了师范学校的特级教师。

1988 年 8 月,他辞去师范学校校长的职务,调到常州市教科所当了一名普通研究员,因为他想集中精力搞研究。1988 年被江苏省人民政府授予"有突出贡献的中青年专家"称号,1992 年评为国家级享受政府特殊津贴的专家。

一、邱学华的人生追求与教育信念

邱学华的人生追求是:为祖国的教育理论走出一条创新之路,建立具有时代特征和中国特点的教育理论,写一本中国的《算术教学法》。

邱学华在数学教学上坚信:学生能在尝试中学习,而且能在尝试中成功。

二、邱学华的教育业绩与成就特色

邱学华被誉为"小学数学教学法专家",他在教育事业上取得的成就是创立了"尝试教学法"。40 多年来他编著和主编了 140 多本书,在国内外教育杂志上发表了 500 余篇论文。

"经过 16 年的教学实践和理论探讨,尝试教学法已经逐步完善并为广大教师所接受。目前我国已有45万名教师、50多万个班级推广应用了尝试教学法,受教学生达2 000多万人,取得了显著的学习效果,被称为具有中国教育特色的新教法。"

三、邱学华的教育研究与教育智慧

他的教育研究集中在小学数学尝试教学法研究上。

自从20世纪60年代在华东师大附小搞教育实验以来,邱学华一直思考这样一个问题:长期以来,注入式教学方法顽固地统治着我们的学校,这种方法把学生置于被动的地位,不利于培养实事求是、独立思考、勇于创造、能献身社会主义事业的开拓性人才。这种注入式教学方法能否彻底改革?

邱学华从1979年开始进行探索和试验研究。通过对国内的自学辅导教学法和国外的发现教学法进行实验研究,发现了他们的优点和不足,他决心吸取各种教学法中的有利因素,创造一种新的教学方法。注入式教学方法的主要特征是"先讲后练",教师把什么都讲清楚了,学生照着练。能不能让学生先尝试练习,教师再讲呢?这样就逐步形成了邱学华"先练后讲"的思想,并在常州市劳动中路小学开始实验。实验结果是:实验班做"尝试题"的正确率达到88.2%,而对照班只有54%。实验班学生的自学能力增强了,智力水平提高了,学习成绩上升了,作业负担减轻了。根据实验研究结果写成的论文发表后,在全国引起了很大的反响。

邱学华在1988年根据全国各地大量的实验资料,通过对实验中的教育现象进行理论分析,写成专著《尝试教学法》。该书在1989年获全国首届优秀教育理论著作奖。获此殊荣的图书,全国只有49本。

邱学华1992年提出"尝试教学理论的构想",开始了新一轮的实验研究。被列入国家教育科学"八五"规划重点项目,在全国各地建立了近400个实验基地,有106个子课题配合研究,从不同学校、不同学科、不同视角开展实验性探究。1996年课题通过专家鉴定,标志着尝试教学理论的建立。鉴定结论是:尝试教学理论是在中国古代优秀的教学思想基础上升华的现代教学理论;尝试教学理论,对于克服一味满堂灌和单纯注入式的弊端很有效,为发挥学生主体和教师主导型找到一种切实可靠的途径和方法;尝试教学理论,对于提高教师的教科研意识,从而改进教学方法,提高教学质量成绩显著;尝试教学理论,能促进学生的探索精神、创造精神,提高学生学习的积极性;尝试教学法普适性强,已成为基础教育的重要教学方法之一,值得推广;尝试教学理论,简单易行,能让广大小学教师较迅速地掌握要点,因而得到相当快的普及。

(资料来源:金美福. 教师自主发展论[M]. 北京:教育科学出版社,2005:23-25.)

邱学华的成功经历给了我们一个重要启示——教育生涯发展需个性化。个性化主要体现在教育业绩个性化、自身发展需求个性化、职业发展过程个性化三个方面。

（一）教师职业生涯规划动力个性化

动力来源于个体自身某项需求的无法满足,每个人的需求不同,其动力来源也就有所不同。在进行教师职业生涯规划的时候,每位教师最先思考的问题肯定是我缺乏什么? 即短板在哪里,寻找出自己的短板再根据自身条件及所处环境进行弥补。每个人的短板不会完全一样,这就呈现出每个人的规划目标有所差异。

只有每个人找到真正属于自己的那个职业发展的发动机才能最有效地助推自己的执教事业,这也是对抗职业倦怠等规划实施过程中遇到的问题的最好方法。资料中邱学华老师的教师生涯遇到了许多艰难险阻,更换了很多工作单位,从事的教师工作也变换了多次,但无论在哪一级别、哪一类学校,他都没有放弃对小学数学教学的研究。外在的工作、生活环境都没有改变他对自己职业生涯的追求。这一案例向我们展现了动力个性化是生涯规划成功实施的内在原则所在,自我的理想、目标、兴趣是职业成功的不竭动力。

（二）教师职业生涯规划过程个性化

每位教师所处的环境都有所差异,个体内在动力也不尽相同,这就需要每位教师必须根据自己的实际情况进行生涯规划,即遵循教师职业生涯规划过程个性化的原则。

这里指的个性化过程要以科学的方法论指导为根本前提,即需要遵循实践—理论—实践这样一个循环往复不断上升的螺旋式路线。这个大方向是不能改变的。在明确了正确的方法论之后再结合自己的实际情况进行职业生涯规划。

（三）教师职业生涯规划结果个性化

虽然每位教师的终极规划目标都是实现个人价值,获得职业幸福,但是个人价值的出入、幸福定义的程度差异带来的是教师职业生涯规划结果的个性化。每位教师都可以成为自己所教学的领域中的专家,即使同是数学教师或者同是语文教师,也都可以有各自的成就。比如同一门课程的教学,有些教师可以在课堂教学方面做研究出成果,有些教师可以在教材使用方面勤钻研而有所成就。

三、生涯规划不是一锤子买卖

教师一定要树立终身执教、终身规划的观念。在不同的社会背景与不同的教改背景下,对教师职业能力的要求是动态变化的,在教师的整个职业生涯中,动态性与可调性贯穿始终。教师的主体性终身学习,就是将自身作为发展的对象,其发展过程伴随着职业生涯的展开,在这个过程中,实时的监控与动态的调节机制对保证教师职业生涯目标的实现与职业活动的绩效是必需的。

教师职业是一种典型的助人职业，教育教学工作环境本身是一种可变情境，而且教师的职业活动成果最终体现为学生的活动结果，由于学生之间客观存在的差异，常常会导致教师职业成就感的差异。在成就感与肯定感、挫折感与无效感交替出现的状况下，教师对自己职业角色认同程度会发生起伏变化。及时调整自己的规划方向与实施策略可以积极地避免角色混乱、角色冲突与角色超载，这在教师职业生涯规划中也是至关重要的。①

第二节　教师职业生涯规划制订程序

一、结合教师身份认同，全面、客观地认识自我

尼采说，"认识了自己就懂得该成为怎样的自己"，科学合理地认识自我首先要做到勇敢地面对自我。因为各种各样的原因，很多人对自己都有这样或那样不满意的地方，有的不能够正确对待以至于造成不必要的心理负担。古语云吾日三省吾身，尤其是对于缺点而言，找到发生根源，并有针对性地加以改进，才能使自己朝着理想迈进一大步。

认识自己绝不单单指外表，更多的是个人的人格、兴趣、智力、特长、情商、气质、价值观。只有正确地分析自己的优点和缺点，才有可能对自己的职业方向作出正确的判断。（具体请见第三章）对于教师的职业生涯发展而言，仅仅认识自己的人格、兴趣、能力等还不够，还需要当前的成长历程、职业发展现状以及对于教育教学能力的反思。具体请跟随下面的小作业完成对以上这些内容的自我探索。

教师——（职业特殊性）自我体认步骤如下：

（一）自身职业现状分析

1. 教学方面

_____

_____

_____

2. 班主任方面

_____

_____

---

① 安蓉，王梅. 教师职业发展的特点与职业生涯规划的原则［M］. 天津：职业教育研究，2007：68-69.

3. 教科研方面(成果列举)

_____

_____

_____

4. 其他任职情况

_____

_____

_____

（二）自身素质特点反思

1. 知识状况

比如,知识面宽不宽? 哪些方面的知识多? 哪些方面的知识少? 教育教学活动中常因缺乏哪些知识而感到困难? 读过多少书? 对最新的知识动态是否了解?

_____

_____

_____

2. 能力状况

自身能力分析(包括学科知识、教学风格、语言表达、沟通、领导力、管理能力等方面)。哪些能力强? 哪些能力弱? 教育教学活动中常因缺乏哪些能力而感到困难?

_____

_____

_____

3. 个性特点

是内向还是外向? 独立性强还是从众性强? 是理智型还是情感型? 和学生容易相处吗? 因为缺少哪些素质而影响和学生的关系?

_____

_____

_____

（三）成长历程的反思

成长历程的反思,有助于增强自己的生涯意识、成长意识、发展意识,有助于了解自己已取得的成绩和存在的不足,了解自己所处的成长阶段。

反思的内容可以包括:我在学校教师中的位置如何? 我的成长历程已经经过了几个阶段? 这几个阶段各自解决了什么问题? 有哪些成长的经验? 还有哪些成

长的问题和障碍？有哪些关键性因素影响了自己的成长？

自我反思的方法包括：教育日记、学生作业检查、参观考察与观摩、成长自传等。

(四)充分了解他人对自己的评价

从他人那里获得自身发展状况的评价,往往具有一定的客观性。自我认知和他人评价一般要综合考虑,以便做好职业生涯规划。一般获取的途径如下：

(1)教学同行(教研员和区内其他同行、学校同行)评价,可采取对话形式获取。

(2)年级同行评价,可采取对话形式获取。

(3)学校和主管领导评价,可通过对话、日常会议评价、年度总结评语等形式获取。

(4)学生评价,可采取问卷调查表、学生座谈会等形式获取。

小贴士

自我认知的方法

一、自我省察法

每个人都有两面镜子,其中一面用来看清自己的脸庞以及衣着打扮等外在形象;另一面"镜子",就是省察个人内心的"内照镜"。在这面"镜子"中,人们可以看到完整的自己,看到自己内心真实的想法,所有的感觉、动机、嗜好、冲动及恐惧。人们通过对照自己内心的"镜子",反思自己的行为及其后果,并从中总结经验。

二、"乔哈里窗"分析法

"乔哈里窗"分析法又称"橱窗分析法"。"乔哈里窗"又称"自我意识的发现——反馈模型",它说明一个人的内在可以分成"自己了解,他人也了解""自己了解,他人不了解""自己不了解,而他人了解""自己和他人都不了解"四个部分,如下表所示。

	自己了解	自己不了解
别人了解	自由活动区域(公开我)	盲目领域(背脊我)
别人不了解	逃避或隐藏领域(隐藏我)	处女领域(潜在我)

三、360度评估法

"不识庐山真面目,只缘身在此山中",正如"乔哈里窗"第二区域描述的那样,人总有自己认识不到的盲区,而自己没有认识到的问题有时别人反倒能看得清楚。为了避免自我省察可能有的片面性,可以采用360度评估法来进行自我认知。通过评估反馈,人们可以获得来自多层面人们对自身素质、能力等的评估意见,从而能比较全面、客观地了解有关自己的个人特质、优缺点等信息,并作为自己进行职业生涯规划及能力发展的参考。对于同学们来说,可以请自己的老师、父母、同学等对自己进行全面评估,如下表所示。

方式	评价内容	评价标准
自我评估	1. 自己的才能是否充分施展 2. 对自己的职业发展状态是否满意 3. 对自己的学习、生活状态是否满意 4. 对处理职业生涯发展与他人活动的关系结果是否满意	根据个人的价值观念及个人的人格、兴趣、能力
家庭评估	1. 是否能够理解和肯定 2. 是否能够给予支持和帮助	根据父母家人的反馈意见
老师评估	1. 是否获得老师的认可 2. 是否有明显的缺点 3. 是否获得了长足的长进 4. 是否各项能力都得到了提升	根据行为表现及综合素养
同学评估	1. 是否获得同学的认可与好评 2. 是否在某些方面树立了榜样 3. 是否存在哪些缺点	根据行为表现及同学感受

四、职业测评法

所谓测评法是指运用现代心理学、测量学、管理学、社会学、统计学、行为科学及计算机技术的综合测评技术进行评估的方法。它通过人际测量、结构化面试、情景模拟和评价中心等技术,对个体的知识水平、能力及其倾向、工作技能、内在动机、个性特征和发展潜能进行测量,并根据工作岗位要求及组织特性进行评价,从而实现对人才全面、准确、深入的了解。通过测量,同学们能够在短期内获得对自己较为客观的描述和评价。通过评估,分析自我的特点,再结合职业的要求,进行职业选择,这就是"人职匹配"的过程。

(资料来源:迟永吉,欣荣,曹喜山.大学生职业生涯规划与发展[M].高等教育出版社,2011:71-72)

由于每个人成为教师的理由不尽相同,很多教师是出于个人的兴趣志向所在,而也有少数教师并非出于个人意愿成为了教师,这类群体就需要注意反省自己的职业方向是否还在教师这个职业。如果方向感发生偏离则需要及时调整或者纠正。

小测试

职业方向感诊断

下面 10 个问题,请你根据当前情况,对问题作出回答并评分,然后计算分数。
(计分法:是,3 分;不好说,1 分;不是;-1 分)

（　　）1. 我知道自己的工作目标是什么。

（　　）2. 我认为自己可以达到制订的工作目标

（　　）3. 我可以在一个岗位上工作3年以上。

（　　）4. 我知道自己适合做什么工作。

（　　）5. 我对目前的工作很感兴趣。

（　　）6. 我正在全力以赴向工作目标努力。

（　　）7. 现在做的工作我比较喜欢也很感兴趣。

（　　）8. 我对自己的工作目标有足够的信心。

（　　）9. 我在工作中能找到很多乐趣。

（　　）10. 我觉得只要认真工作在哪里都有发展。

如果你的分数大于16分，你目前的职业方向感处于上佳状态

你目前有比较清晰的职业方向，尽管在职业方向上也会有暂时的迷茫，但相对大多数人来讲，不太容易被无关因素干扰；你为自己确定了比较高的职业目标，并处于积极进取的状态；也许你的追求和别人不同，但是你有很强的自信心，你追求内心认可的成就感；如果你是具有丰富经验的人，这显示出你具有很强的发展潜力；如果你是一个经验不丰富的人，这显示出你具有很强的工作热情，你还需要保持下去；你的方向如果和企业的方向一致就会发挥优势，如果和企业方向不一致就可能变成劣势，你要注意审时度势；你有良好的方向感和不同寻常的奋斗精神，但是结果并不一定如您所愿，不同行业、不同团队、不同的职业规则会带来不同的结果。

如果你的分数位于10~16分之间，你目前的职业方向感处于一般状态

和大多数人一样，你有自己的职业追求，但是还没有确定清晰的方向，可能你还在犹豫不决，可能你不知道如何确定，也可能你不愿崭露锋芒；你的这种状态比较容易受到外界的干扰，容易出现理想和现实的冲突，在一个相对顺利的环境里，你比较容易激发出活力，而在一个不太顺利的环境中，你需要不断地平衡自己的状态；你处于一般的自信心水平，本来可以争取更大的成绩，但是你可能主动或者被动地降低了对自己的期望；你的状态可以应对正常的工作要求，但是在一个竞争激烈的环境中，可能会有一些心力不足的感觉。

如果你的分数小于10分，你目前的职业方向感处于不佳状态

你的职业方向不够清晰，经常会不知道自己要什么，可能你内心不在乎，可能你有些消极，也可能你对各个方向产生怀疑；你的职业目标有些游移，自信心不足，或者缺乏成就感，你不愿为自己设立高目标，前进的道路上动力不足，常会陷入进退两难的境地；你的状态如果是已经形成很长时间了，就需要引起特别的注意，因为它会深深地影响你的职业发展；你需要在专家的帮助下对目标和价值观进行澄清，以确定"是否需要"改变以及"如何"改变你的状态；如果是近期出现的，建议你尽快着手加以调整和改善。毕竟从整个社会的价值观角度来看，清晰的方向感对于个人的生活和发展是有益的。

(资料来源:戴建兵,姬振旗. 大学生职业生涯发展规划[M]. 北京:科学出版社,2010:197.)

二、社会、学校环境分析

环境对于个人职业生涯规划的影响是显而易见的,人作为社会的一员,一方面要顺应外部环境的需要,分析外部环境的变化,在变化中挖掘机会,不断调整自己的计划,趋利避害、因势利导,最大限度地吸纳各种资源;另一方面,根据客观环境的变化,及时调整自己的状态,以积极主动的心态面对各种困难和风险,避免因为一时成败给自己的情绪造成大幅度的波动。在规划实际操作的过程中,要注意两者结合,才更有利于个人目标的实现。

1. 社会环境

我们所处的时代对自身职业和工作提出了哪些要求? 提供了哪些条件? 提出了哪些挑战? 带来了哪些机遇? 这样的环境对自己的工作和发展有什么样的影响?

2. 学校环境及发展机会

请尝试回答以下几个问题,帮助自己认清学校环境。

你所处的学校是一所什么类型、水平的学校?

_____

_____

_____

学校的文化怎样?(物质文化、精神文化、行为文化等)

_____

_____

_____

学校的环境和文化对你的专业成长有哪些有利影响和不利影响?

_____

_____

_____

对有利影响,你如何充分地利用?

_____

_____

_____

对不利影响,你能否克服和避免?

_____

_____

_____

目前你该如何利用这些因素促进自己的职业发展？

_____

_____

_____

三、生涯发展目标确定

在科学合理地认识自我和清晰明确地分析环境之后，个人职业生涯规划就进入了明确定位、确定目标的阶段了。有效的职业生涯规划需要切实可行的定位和目标，这就好比"枪和子弹"的关系，如果定位或是目标出现了问题，那对于个人规划而言就是灾难性的后果。在决策过程中应当重视个性与执业特质的匹配，情趣与职业内容的匹配等。

每个人都有自己的愿景，但在很多情况下，人们对自己的愿景往往是模糊不清晰的，或是有误解的，这样就会造成行为的盲目。因此，对于个人来说，关键并不是如何建立个人愿景，而是理清个人愿景。在第五章中介绍了许多职业生涯决策的方法以帮助个体确定职业生涯目标。

在规划具体的奋斗目标时，建议用数字来说明自己到底要达到什么目标，三年内有什么目标，2010 年有什么目标等；看书，看几本，看什么；上课，上什么级别什么性质的课；参加教坛新秀评比，争取获得什么成绩；写论文，获什么级别的奖，几篇，发表论文，什么时间发表什么级别的。短期目标要小，越容易达到越好。

比如，我的三年目标（可从教育、教学、教科研方面谈，也可从在学校中的位置角度谈）：

（1）教育方面（可以有一些量化的目标）。

（2）教学方面（可以有一些量化的目标）。

（3）教科研方面（可以有一些量化的目标）。

（4）其他方面（在人际交往、其他任职方面是否有发展目标？）

四、具体措施

打算通过什么途径，什么培训达成目标，应具有可操作性。

我的长期目标（可从教育、教学、教科研方面谈，也可从在学校中的位置谈）。

（一）教育方面

比如成为"良好的班级管理者"；对于班级的管理，学生的辅导、补救教学，师生关系融洽、学习效果提升等方面形成专长。

（二）教学方面

比如成为"课程与教学专家"：教师对某一课程的发展、教材的编写有独到的成就，或是对于所教学科某一章节知识点的教学方法改良有自己的心得，加以钻研。

（三）教科研方面

比如成为某一领域或项目专家：如信息、视听媒体、学科教学、书法、球类等。

（四）其他方面

在人际交往、其他任职方面是否有专长或发展机会？

总的来说，专业成功类型包括：教学成绩突出型、深受学生喜爱型、学者研究型、才华展示型、管理强势型、开拓进取型等。

专业成功层次：如成为校级、市级学科带头人、奉化名优教师等；

教学目标：如成为学校、奉化、宁波学科骨干教师；

教育管理目标：如成为奉化市骨干班主任；

教科研目标：如论文发表、课题获奖数量；

强势项目目标：如成为奉化市学科带头人；

学习目标：如专业知识学习、教育教学理论学习、管理理论学习等；

其他目标：如做班主任、教研组长、年级组长、备课组长、入党、副校长、校长等；争做奉化市优秀党员、先进教育工作者、三八红旗手等。

小贴士

教师在制订目标时应该注意的几方面原则。

1. 目标的水平高低恰到好处，应该是"跳一跳，够得着"的。既要具有一定的挑战性，又要以经过努力才能达到为标准。但也不要要求过高，以致感到力不从心，从而放弃了努力。好的目标是使自己充满信心，努力工作，而不是丧失信心，放弃努力，致使目标落空。

2. 目标的幅度不宜过宽，最好选一个窄一点的题目，把全部精力都投放进去，较易取得成功。同一时期的目标也不宜过多，最好集中于一个。

3. 目标的确立要适合自身特点。不同的人有不同的优点。这种特点就是你的人格、兴趣、特长等。要将目标建立在你的最优人格、最大兴趣、最佳特长上。

五、在实施生涯规划中时刻关注评估和调节

人们对自我人格和自我能力的定位往往会决定自己的行为。人总是随着知

识、阅历、年龄的增长而成长,在生涯发展的不同阶段自我的状态也会不同,因此,生涯规划实施的过程实际是对自己再认识的过程,是一个螺旋上升的过程,是一个不断完善的过程。

（一）评估时的要点

（1）抓住最主要的内容。在职业生涯的某一阶段,总有一个最重要的目标,其他目标都是指向这个核心的。评估时可以采用优先排序等方法,重点评估那些可能达到这个核心目标的主要策略执行的效果。

（2）分离出最新的需求。针对变化了的内外环境,发掘最新的趋势和影响。对于新的变化和需求,怎样的策略才是最有效的? 发展规划的评估要能够将这些问题分离、提取出来。

（3）找到突破方向。有时,在某一点上取得突破性的进展将使整个局面产生意想不到的改变。想一想,先前职业生涯与发展规划中的策略方案哪一条对于目标的达成应该有突破性的影响,达到了吗? 为什么没达到,如何寻求新的突破?

（4）关注弱点。每个人都有自己的"短板",这个"短板"可能是观念差距、知识差距、能力差距和心理差距。在规划实施过程中应想办法修正"短板"。

（二）修正时的思考

（1）环境因素。包括社会环境、政治环境、经济环境、科技环境、自然环境、法律环境等。从宏观层面认识到职业生涯发展的局限和可能,个人只能适应而不可改变。

（2）组织因素。包括组织规模、组织结构、组织文化、组织发展状况、人力资源规划、人力资源管理系统类型、晋升政策、人际关系等一切与职业生涯发展有关的组织因素。要改变组织因素非常困难,但个人可以选择到最适合自己发展的组织中工作。

（3）个人因素。年龄、性别、学历、工作经历、家庭背景、人格等。一方面你要正确认识自己,另一方面要不断完善自己。

小贴士

360 度自我再评估

360 度评价法包括自我评价、家庭评价、组织（企业）评价和社会评价,请根据下表的提示,对自我开展 360 度再评价,并撰写一份 360 度自我再评价报告。

360 度自我再评估

方式	评价者	评价内容	评价标准
自我评价	本人	1. 自己的才能是否充分施展 2. 对自己在企业发展、社会进步中所作的贡献是否满意 3. 对自己的职称、职务、工资待遇等方面的变化是否满意 4. 对职业生涯发展与其他人生活动的关系的处理结果是否满意	根据个人的价值观念及个人的知识、水平、能力
家庭评价	父母、配偶、子女等家庭成员	1. 是否能够理解和肯定 2. 是否能够给予支持和帮助	根据家庭文化
组织评价	上级、平级、下级	1. 是否有下级、平级同事的赞赏 2. 是否有上级的肯定和表彰 3. 是否有职称、职务的晋升或相同职务权利范围的扩大 4. 是否有工资待遇的提高	根据企业及其总体经营结果
社会评价	社会舆论、社会组织	1. 是否有社会舆论的支持和好评 2. 是否有社会组织的承认和奖励	根据社会文化

建议读者选择一个工作日和一个非工作日,把这个工作日及非工作日全天的活动如实而无遗漏地记录下来,并与 360 度自我再评价报告、规划实施方案进行比较分析。

(资料来源:戴建兵、姬振旗. 大学生职业生涯发展规划[M]. 北京. 科学出版社,2010:195.)

小贴士

教师专业发展规划设计方案(3~5 年)

前言与说明

一、外部环境的分析

1. 社会和教育事业环境

2. 社区和学校环境

3. 家庭环境

4. 结论：有利的方面、不利的方面

二、自身成长历程和要素的分析

1. 成长的过程和现在所处的阶段

2. 专业知识方面的分析

3. 教育教学能力方面的分析

4. 职业道德及个性特点的分析

5. 身体及其他方面

6. 结论：优势、不足、类型和风格

三、自我定位及总目标

1. 成才类型的设计

2. 成才层次的设计

3. 总的发展目标

四、分项目标和任务

1. 教学方面的目标

2. 教育和班级管理方面的目标

3. 教育科研方面的目标

4. 学习和其他方面的目标

五、措施和条件

1. 自身素质的改进

2. 客观条件的改善

3. 专业发展的模式和途径

4. 专业发展的策略

5. 时间与经费的预算

6. 预期的成果及评价①

（资料来源：申继亮.教师人力资源开发与管理[M].北京:北京师范大学出版社,2007:106-107.）

① 安蓉,王梅.教师职业发展的特点与职业生涯规划的原则[M].天津:职业教育研究,2007:68-69.

体验练习

我的职业生涯规划书

姓名		性别		年龄		政治面貌	
学历		学科		职称			

个人简历	生活经历	回顾从出生到现在的生活经历,总结出自己最满意的 4~5 件事(社会责任、家庭责任、工作业绩、职务晋升、学业进步等)。
	工作经历	回顾工作经历(岗位变化、评先评优等),总结出最辉煌或最满意的 4~5 件事(工作业绩、职务晋升、学业进步等)。
	培训经历	回顾自己工作以来参加的各种培训教育情况,总结对自己影响最大的 2~3 次教育培训。
认识自我	我眼中的自己	充分认识自己的发展状况,概括一下自身的优势与劣势。
	别人眼中的我	充分了解他人对自己的评价,认清自己在团队中的位置。
建立愿景	个人愿景	
	愿景内涵	
忠诚愿景	态度	无论有多大困难,我都是否忠诚于自己的愿景!
	行为	1.事业上如何忠诚愿景? 2.生活上如何忠诚愿景?

续表

	三年目标		可从教育、教学、教科研、自我成长、在学校中的位置方面谈
2014—2016年三年职业生涯目标、计划、措施	2014年	目标	
		计划与措施	包括学习时间、内容、业务提高程度、自我评估等
	2015年	目标	
		计划与措施	
	2016年	目标	
		计划与措施	

五、生涯规划案例

[案例1]

某学校教务主任个人职业生涯规划

1.基本资料

姓名:张文教;性别:男;血型:B型;性向:领航兼增值型;出生地:山东泰安;出生年月:1974年8月3日;学历:本科。目前年龄:30岁(2004年);死亡预测:70岁(2040年);尚余年限:40年。

自我分析——优势

(1)有较扎实的教学和管理理论基础(但仍需不断吸收新概念、新知识)。

(2)有3年学校教务管理经验和6年的教学经验(但仍需充实这方面的经历和经验)。

(3)善于沟通,善于与人相处,适应能力强。

(4)分析问题时头脑冷静,善于发现和解决问题。

弱势:有时缺乏冲动,做具体工作动作较慢。

机会与威胁:目前所处学校属于稳定期,调薪较慢,升迁机会较小。应抓紧时间多学习,打下基础,为下一步突破养精蓄锐。

2. 规划目标

总体目标:成为学校校长。

阶段目标:30—33 岁,仍在现学校任职,争取调换职位,一边熟悉政教、后勤等部门的运作,一边自学教育硕士主干课程。33—35 岁,应聘本校或兄弟学校副校长等相关职务,一边熟悉学校的全面管理工作,一边自学领导学、管理学方面的课程。35—39 岁,应聘校长职位。之后,一边从事管理工作,一边不断学习和实践,逐步成为一名省级和国家级优秀校长。

家庭目标:目前已婚。31 岁开始以 10 年期贷款购买楼房,32 岁时要孩子。

健康目标:人身保险至少 30 万元,注意身体健康,不要成为家庭与事业的负担。

收入目标:2004—2007 年,年薪 3 万~5 万元;2007—2010 年,年薪 4 万~6 万元;2010 年,年薪 6 万元,之后每年以 5% ~10% 增加。如果可能,自行创办私立学校(非绝对必需之目标)。

学习目标:2004—2007 年,自学完教育学硕士主干课程;2007—2010 年,自学完领导学和管理学课程;2007 年以后每月至少看 1 本相关管理书籍,并将学到的知识用于管理工作之中。

3. 2004—2010 年的生涯规划

一个成功人士,必须具备下列条件,而这就是我在这五年所必须养成的:①拥有更详细、更具有时效性的学校全面管理的专业知识。②对重要事件细节保持敏锐度。③对问题刨根问底的追溯精神,全面分析、判断问题与解决问题的能力。④抓住机会,勇于行动。⑤保持对新事物的敏感、创新和创意力。⑥不断改进,追求完美。⑦均衡的学习技巧与习惯。

理念——①机会是靠自己的努力和时刻准备着的意念创造出来的。②人生只有两种痛苦,一种是努力时的痛苦,一种是后悔时的痛苦。③有志者,事竟成。

行动目标——6 年内应全力完成的目标如下:①在任职学校中完全胜任其职位工作,并争取换岗,熟悉各部门的运作规律。②在学校运作、实践、学习和掌握所有学校管理知识和实操能力。③自学完教育学硕士主干课程。④每年至少参加 100 小时的相关管理培训课程。⑤每月至少读 1 本相关专业的书籍。⑥每周体育锻炼 3 小时。⑦在 2007 年底之前成功应聘学校副校长职位。

4. 年度规划(2004 年的生涯规划)

①追求卓越的能力。②学校教务管理与操控能力。③培养自己的行动能力。

理念——只要一想到,马上去做到。

行为目标——今年内应全力完成的目标如下:①上半年将所任职的教务工作理顺,培养出接班人;下半年争取转岗去政教部任主任。②积极参与并配合全校教研组长、备课组长工作,由此对教务工作有更深的认识。③自学完5门教育学硕士主干课程,参加至少100小时的业务培训。

点评:张老师的职业生涯规划书侧重于目标的设定和分解。在目标的设定方面,张老师详细设定了自己的总体发展目标、阶段目标;此外还设定了家庭目标、健康目标、收入目标和学习目标。在行动规划方面,设定了六年规划,也有年度规划,且设定有理念,也有具体的行动,是值得读者借鉴的。但是俗话说,知己知彼,才能百战不殆,任何一份全面的生涯规划书都必须包含对自己的透彻分析和对周围环境的了解,在该案例中这一点是比较欠缺的。

[案例2]

教师职业生涯规划书

小的时候觉得老师是最神圣的职业,今天自己也成为一名老师,怎么才能让我的学生在愉悦的氛围里学到知识? 现在,我只是一名没有丰富的教学经验、没有娴熟的教学技术、没有引以为荣的教学成绩的普通老师,但我相信:只要在实践中不断磨炼,最终会成为一名合格的教师。

一、三年发展规划

第一年:明确自我发展目标,实现角色转变

明确作为教师的基本要求和发展方向,树立正确的价值观和责任意识。同时尽快适应工作环境,实现从学生到教师的角色转变。

1.加强理论学习,提高自己的政治思想素质,积极参加各级各类的师德教育实践活动,主动向老教师学习,向同行教师学习,在实践中提高自己的师德表现,树立扎实的工作作风。

2.在学校拜老教师为师,积极听课、说课,在师傅的指导下,扎扎实实地进行学科教学,掌握教学规律,从实践中获得专业技能的成长。

3.学习是教师成长的源泉,只有在不断的学习中,我们才能获得进步。在第一年,我需要不断学习,扩大自己的知识面,从而使理论服务于实践,提高自己的教学基本功。

第二年:加强教育技能培养,提高班级管理能力,强化自我修炼

1.学科课堂技能是立足讲台的关键,这就需要我们向成为研究型教师方向努力,要善于在教育教学实践中发现问题、分析问题,总结经验以指导教育教学实践活动,使提高教育教学质量达到最优化,切实打造"效率课堂"。

2.要给学生一桶水,自己必须要有一池水,也许一池水也是不够的,因为学生对知识的渴望是永无止境的。对于始终站在流行时尚前沿的设计来说,始终需要教师保持对时尚新动向的敏感度和掌握度。在扎实的学术根底与理论底蕴之上,我觉得不断加强学习、进修,始终将专业化水平与时代接轨是十分迫切和必要的。

第三年:教学相长,教研并进,形成初步自我教学特色

1.有基本熟练的教育教学技能,有一定的教学经验和反思能力,并能在反思的过程中不断调整自己的教学行为,在教育教学过程中初步形成自己的特色。

2.时刻关注教育界的最新动向,通过各种信息传播手段广泛获取现代教育教学信息和教育教学改革经验,进一步加强教育理论学习,为成为研究型教师打下基础。

二、具体实施方案

1.牢记教师使命,树立两种意识

时刻牢记教师的神圣使命,始终尊重学生的自由发展。将教育作为幸福人生的一个支柱,帮助学生们理解幸福、创造幸福,这是作为教师最本源、最重要的目的。

选择了教师这一职业,就需要懂得追求学生的成功才是自己人生的成功,所以就需要树立奉献意识和责任意识,启迪学生的智慧,塑造学生的心灵。

2.树立终身学习的观念

通过学习提升师德修养,丰富知识结构,增强理论底蕴。多听老教师和同行的课,积极向同教研组前辈取经,吸取他人的长处,不断提高教学能力,努力使自己的教学质量达到优良的水平。

3.乐于动笔,提高教育科研水平

课前积极钻研教材,理清教学内容路基顺序,做好充分的备课工作,认真备好每一堂课,备好每一个学生的课,备好课堂的教学教法。课后做好教学后记与教学反思,把课堂中最精彩及最难忘的片段及时地记录下来,积累日后教学论文的素材。

一切都是新的开始。在今后的生活和工作中,我将努力按照自己的规划在岗位上一步一个脚印,踏踏实实地实现自己的育人理想。

点评:这是一位新老师的职业生涯规划,规划充满激情和对未来工作的期待。该规划侧重于对上岗后怎样更好地适应工作进行分析,整体而言,更像一个工作规划。

虽然,教师的职业生涯规划中,职业是确定的,但是,发展方向却是因人而异的,有的人成为具有专业能力,有的人最终成为管理专家。教师进行职业生涯规划,必须明确自己以后的职业发展方向,这一点在该案例中尚未明确。其次,任何职业生涯规划都是在"知己知彼"的前提下进行理性决策的,该案例中,规划者缺乏对自己性格特征的详细分析和对工作环境的深入理解,因此,所作的决策更多的是应该的,而非针对自身特点。整体而言,该规划的针对性有待加强。

[案例3]

教师个人专业发展规划

从人类持续发展的普遍规律和教师职业持续发展的专业发展要求来看,教师需要可持续成长。停下教师职业生涯的匆匆脚步,回顾和反思自己所走过的路,并以此制订个人专业发展规划,为的是让今后的路走得更有意义、更有价值、更坚实。是为了让自己的专业发展有一个蓝图,更是为了有一个引导和监控。"教育之于心灵,犹雕刻之于大理石",每每想到这句话,就倍感责任重大,常有如履薄冰之感。什么人可以做老师?"智如泉涌,行可以为表仪者,人师也",每想到此,就更觉应"不待扬鞭自奋蹄"。

一、个人发展基础分析

1. 自身素质结构

当年,怀揣着"学高为师,德高为范"的信念步入教师行列。认真、勤勉、负责,是年轻的我生活的主旋律,虽然中间有困惑、无助乃至动摇。但因为有责任,因为要对那一个个年轻而单纯的生命负责,走到今天,自认为比较出色。但今天回首,实际上也仅仅是做了一个教师份内之事,依靠的是最朴素的职业道德。工作的过程慢慢改变了我,使我从内心热爱教师这个职业,变得更懂得一名优秀教师应具备的素质:职业使命感、高度的责任感、智慧的成熟性、坚定的道德观、对世界的洞察力、积极乐观、朝气蓬勃、对学生的关心……

从专业知识的角度讲,自己化学学科知识应该说是比较系统、全面和扎实的,也能适当地延伸和拓展。但缺乏广阔的知识文化视野、科学素养和人文素养,与生产、生活的知识联系,受到个人生活体验狭窄所限,也显得相当薄弱。希望自己能在繁重的工作之余,挤出一些时间,多涉猎,多阅读,多走出学校去体验,能有比较雄厚的知识群做后盾,让自己的教学充满灵性,让自己的课堂真正开放起来。

从专业能力角度讲,教育教学基本技能应该是做好一名教师最基本的条件之一。目前课堂教学基本技能较好,组织教学活动能力尚可,也有一定的调控课堂、调控自我的能力,也具备对学生的感染力。近年来,对于自己的教育教学实践和周围的教育现象,有了比较强的反思意识,也开始分析和研究教育教学中存在的一些问题,而不再只是关注而已,但深感自我更新拓展的能力特别不足。

但幸运的是能拥有这样一个良好的团体氛围,能拥有导师们的指点、引领,使自己不断前行!

2. 分析自己所处的发展阶段

教学岗位工作18个年头,走过了教师生存的适应期,翻越了迅速成长的爬坡期,渐渐步入成熟期,又进入了艰难的迷茫探索期,期望自己能在教学中有所创造。目前,自认为能熟悉和胜任所教学科专业知识,也形成了一套具有自己风格的教学方法,得到学生和社会的认同,自认为有点满足的感觉。曾经经历过几次教学改革,并没有感觉到多大的压力,认为自己的方法已经够好了,形成懒惰的情绪。新课程标准出现以后,通过一定时间的学习发现这一次教学的改革与前几次的教改有所不同,它不仅是教学内容的增减、难度的变化和知识次序的调整,更是教学观念的转变、新教学理念的形成、教师角色的改变,涉及为谁而教,体现学生主体地位的被重视,从知识传授向方法、能力培养过渡,这是一次触及深层的变革,需要引起足够的重视。原来形成的"以不变应万变"的念头在这时必须要改变了。

二、现代教师的要求

1.现代教师要求不断地学习

教学工作所针对的对象是少年儿童和青少年,为明天培养人才的活动,具有时代性、超前性,这就要求教师把现代社会最新的科学与人文精神教给新一代,教师就应该首先接受新科学技术、人文精神,不失时机地引入课堂,现代教师应该是将教学活动和学习提高联系在一起的,要求终身学习。

经过一段时间的学习和思考,以现代教师的标准对照,新的基础教育课程改革中蕴涵着许多全新的理念,诸如教育民主化促进教育的国际理解、关爱自然、注重个性发展等世界教育的趋向,从学科本位向学生本位转变、科学本位向科学与人文整合转变、集体同一性教学向个别差异性教学转变、知识技能教学向知识主动意义建构转变。这些在过去被忽视的问题,现在却成为新基础教育课程改革的基本理念,这势必要求教师必须继续学习,走向教学成熟。

2.教学过程就是实践的过程

教师不但要了解广泛的科学、人文与社会方面的新进展、新认识,把“学会学习”放在未来教育四支柱(学会认识、学会生存、学会做事、学会合作)之首,把新教育理念在课堂上发挥出作用,大胆地实践,做到与时俱进,身体力行。

本人担任物理学科的教学,物理学科知识本身就是建立在实验和实际生活基础之上的,同时中学阶段物理学科也是比较难学的课程,学生感觉到物理规律多,之间的关系复杂,应用到具体问题中无从下手,所以在本学科上还有很多值得探讨和研究的问题。

首先联系学科本身的特点,物理学科的规律性很强,但是它离不开实验,应该先认识物理规律,有意识通过一定的实验来再现物理规律的认识过程,体会这些物理规律的内涵,从中培养学生动手、动脑的习惯和意识,而不能仅仅教给学生几个定律、公式和典型例题。

第二是让同学们体会物理学科的真谛和难点所在,依本人看,物理之所以难学,问题集中在物理规律的多样性和物理现象的多变性;同一个物理定律和公式往往是代表一种类型的归纳和总结,能够在几种情况之下应用;同一个物理现象有时又可以采取几种方法来解决,在此需要学生了解物理规律、物理现象和在它们之间存在内在联系,只要能够搞清楚这一点,应该说就抓住了主要矛盾,使同学们真正掌握“现象—规律—现象”的认识过程。

在学生掌握了规律认识过程以后,并且能够解决一定的实际问题时,有意识地提示学生自我总结和归纳,在分析新问题的同时,提升已经学习过的知识,提高学生分析和解决问题的能力。

3.不断地反思才能不断地提高

通过一段时间的实践,应该进行一定的反思总结,形成自身形象,个性和特点不断趋于成熟,但是即便经过二十多年的教学,好像就是一年工作的20次重复,形成的固定模式又似乎是比较顽固的、僵化的习惯和套路,要改变这种定式也并不是一件容易的事情,只有善于从经验中反思吸取教训,才能有所提高,否则只能停留在一个新教师的水准上。

总结与反思的过程就是把自己作为研究对象,审视自己的教育理念和实践的效果,反省实践中的长处和失误,并能够不断调整自己的工作方法,反思的本质是一种理解与实践的对话,是这两者之间沟通的桥梁,又是理想自我和现实自我心灵上的沟通,它是教师一种自发的行动;是教师成熟的一个标志,否定过去就是对以后工作指明了方向,著名教育心理学家波思纳提出的教师成长的公式:"经验" + "反思" = "成长"。

总结与反思的目的在于通过学生实际的收获来判断教师教学活动的效能,不能仅仅以教师所谓能力的提高,教师水平的升级来体现教师能力的提高,如果离开学生谈教师的成长的话,都是空的和没有意义的。现代教育对于学生学习效果的评价标准主要以学生能力提高作为依据,使学生掌握处理问题的方法,成为学会生存的高层次的人才,不能依据单一的分数作为衡量的标准。

总结与反思的意义在于提高效能与经验的升华。要做到有效地反思,必须从自我监控能力和教学监控能力的提高开始。自我监控包括自我检查、判断、评价、设计的能力;教学监控是对教学活动的内容、对象和过程进行计划、安排、评价、反馈、调节的能力。教学的反思是一个全方位的工程,融于教学的每一个环节,包括教学设计、课堂的组织与管理、学生活动的促进、言语和非言语的沟通、评价学习行为教学反省。反思的意义不仅是教学经验数量的增加,经验范围的扩大,更主要的是教师经验质的提高,教师教学层次的升级。

新的课程标准给教师提出了一个严肃的问题就是教师角色的转变,在课堂上教师是教员、管理者、咨询者;树立以学生为本的教育观念,树立活动教学观;课堂中心的转变、主动被动的转变、平面与立体的转变、单一向群体的转变;知识结构要求多样性、信息技术的新要求,经过奋斗和努力使教师从一个教员向一个教育工作者转变,真正成为一个名副其实的教育家。

点评:这是一份比较全面且贴合规划者自身实际的职业生涯规划案例,既考虑了教师职业发展的共性,也考虑了个体的个性。规划者从个人的发展基础开始,探讨了自身的素质结构和自己所处的发展阶段,完成了职业生涯规划"自我认识"和"环境认识"两个步骤。该案例的最大不足在于对规划目标和行动计划的设定过于模糊,不够清晰。如果能够根据一定的层次,设定具体的生涯规划目标和具体的实践步骤,想必能够对具体的工作起到更好的指导作用。

第七章 我的成功看行动——教师职业生涯规划的实施和调节

第一节 时间管理——职业生涯规划实施成功的保障

写出了翔实的职业生涯规划书并不意味着职业生涯的成功。在职业生涯规划的实施过程中,会遇到很多的挫折和意想不到的问题。教师的职业特点之一是工作繁杂、细碎,突发事件较多,有的时候教师不得不扮演"消防员"的角色,在忙忙碌碌中,容易偏离自己的规划路线,甚至对教师职业产生厌倦。

本章将结合教师的工作特点,为读者介绍教师在职业生涯实施过程中可能遇到的两个主要障碍——时间管理问题和职业倦怠感问题,并介绍如何开展时间管理,消除职业倦怠。

时间管理对减轻压力和保障身心健康具有重要作用。通过一些必要的时间管理技术可以增强个人的工作效率,使人们有更多时间从事其他社会活动,如锻炼身体、娱乐休闲及陪伴家人等。每个人都需要时间来表达个性的所有方面,并欣赏他人的创造性和艺术的表达。如果时间管理不能让我们腾出时间来追求这些,就是一种错误的努力。

在进行本节的阅读之前,先测试一下自己的时间感到底如何吧。

体验练习

时间感小测试

在生活中,时间会悄悄地溜走,当人们不去利用的时候,时间流逝得就更容易了。下面这个测验是有名的罗莎哈测验。通过这个测验,可以检验你的时间观念,以增强你的时间观念。

1.时间的隐喻(比喻)

你喜欢哪一种象征时间的形象?

（1）风平浪静的海面

（2）飞驰中的骑士

（3）逃跑中的贼

（4）月夜中漫长的小道

2. 时间的描述

你认为下面哪几个形容词最适合描述你对时间的观念？（可选3~5个）

尖锐　活泼　空虚　缓和　阴郁　开朗　寒冷　深厚

3. 检查一下你的表

请检查一下你的手表或床边的闹钟，确定其准确程度，然后与标准时间对照，填入下表：

你的钟表时间：_____时_____分

标准时间：_____时_____分

你的钟表正确_____，快_____分，慢_____分

4. 了解时间

请你找一名助手和一间不受人干扰的安静房间（目的是保证不受任何外界干扰与暗示），把所有的钟表都拿出去，不看书报杂志，可以收听点唱机或录音机的轻音乐之类的节目，但是不能听有时间暗示的收音节目（收音节目有时间性，熟练者一听就知道时间）。测试开始时间由助手决定。

当助手决定开始后，你摒弃一切杂念，保持心情沉寂。

当助手决定结束时，在他报出时间之前，判断你自己坐在房间里待了多久？记后填入下表：

你的判断_____分

实际时间_____分，正确_____分，超过_____分，缺少_____分

测验解释：

时间感测验解释：

行动、方向与价值常常反映时间的态度。在测验一中，珍惜时间的人，倾向于选择"飞驰中的骑士"或者"逃跑中的贼"这些迅速行动的形象，而不选择"风平浪静的海面"或者"月夜中漫长的小道"这类恬静的形象来代表时间。

测验二中，珍惜时间的人通常愿意使用"开朗、尖锐、活泼、紧张"等词来描写自己的时间观念，不珍惜时间的人通常愿意使用"空虚、缓和、阴郁、寒冷、深厚"等词来描述时间。

也许有些人不理解测试三，难道对事件的态度能够影响一个人的钟表快慢？研究表明，珍惜时间的人常常戴走得快些的表，或者有意识地拨快自己的表，企图以此赢得一些时间。不珍惜时间的人常常戴走得慢一些的表，只是不太明显而已。

测试四中，大多数珍惜时间的人会将房间里所经过的时间判断得比较准确或稍微长一些，大多数不珍惜时间的人会判断得过于短暂——也许是因为他们平时

较不性急,不担心失去时间。

（资料来源:节选自赵敏、张凤.大学生生涯规划与辅导务实[M].北京:电子工业出版社,2010:41.）

作为教师,每天都做了多少"错误的努力"呢?很多教师在上了一天的课之后根本没有时间进行备课批改作业,更不用说个人的休闲放松。这样带来的结果便是该做的事永远做不完,想做的事永远不能做。我们真的没有时间做完该做的事吗?我们真的没有时间去做想做的事吗?时间管理的三大原则或许可以为你指点迷津。高效管理自己的时间能赢得成功与喜悦。

一、原则一:80/20 原则

80/20 原则是由意大利经济学家巴莱多发现的,因此,也叫巴莱多定律。

花 80% 的时间、精力和资金做 20% 最有价值的事情。

花 80% 的时间、精力和资金学习 20% 最有用的知识和技能。

花 80% 的时间、精力和资金建立和不断维护 20% 最优质的人际关系。

花 80% 的时间和精力照顾好能给你带来 80% 销售额的 20% 的优质客户。

花 80% 的时间和精力学习能给你产生 80% 的效果的 20% 的知识和技能。

……

80% 最佳效果的工作来自 20% 的时间,20% 较为次要的工作花去 80% 的时间,去寻找 20% 的努力就可得到 80% 的效果的领域。

这一原则给我们的启示便是:我们要集中精力解决少数重要问题,而不是解决所有问题。

二、原则二:SMART 原则

(一)具体的(Specific)

有人说,"我将来要做一个伟大的人","我将来要成为一个成功人士","我将来要赚很多很多的钱"等,这些都是不具体的目标。目标一定要是具体的,比如你想把英文学好,那么你就制订一个目标:每天一定要背十个单词、一篇文章,等等。比如今年你想晋升为教研主任,那么要撰写多少篇学术论文,要在教学方面取得哪些成绩等。

(二)可衡量性(Measurable)

任何一个目标都应有可以用来衡量目标完成情况的标准,你的目标越明确,就能提供给你越多的指引。比如你找工作,先要在心里有个底:哪一领域? 具体岗位？就业地点？薪资待遇？工作条件？发展前景？有了这些明确的标准,你才有可能顺利地找到梦寐以求的好工作。

(三)可达到的(Attatinable)

目标如果定得太低,没有挑战性,不能激发潜能,就没有任何意义;如果定得太高,往往会中途流产。有句话说得好:"目标只要踮点脚尖就能够得着,就是合理的;如果不用踮脚尖就能够到,那就没有挑战性;跳起来都够不到,那就不是目标。"不能达到的目标只是幻想、白日梦。

(四)相关的(Relevant)

目标的制订应该考虑和自己生活、工作有一定的相关性,比如一位教师整天考虑的不是把课教好,而是一心想做小生意赚钱,在一天一天的消耗中丧失最初的职业目的,最终被教师职业抛弃。

(五)有明确的时间限制(Time-based)

任何一个目标的设定都应该考虑时间的限定,比如你说:"我一定要让班级学生考试优秀率达到75%。"有人还说:"我一定成为高级教师"。目标很明确了,可是完成的时间呢？是打算在一学期内完成还是未来十年的人生规划？没有明确的时间限制只会让自己抱着所谓的目标混日子,拖沓最终可能导致放弃。

三、原则三:优先原则

(一)重要而紧急事情

诸如完成马上要交付的工作、重大面试等。这是考验我们的经验和判断力的时刻,也是可以用心耕耘的田园。如果荒废了,我们很可能变成行尸走肉。但我们也不能忘记,很多重要的事情是因为一拖再拖或是准备不足,而变成迫在眉睫。

(二)不重要而紧急事情

表面看似重要而紧急的事情,会因为迫切让我们产生"这件事很重要"的错觉——实际上就算重要也是对别人而言。电话、会议、朋友要玩都属于这一类。我们花很多时间在这个里面打转,自以为是重要而紧急事情,其实不过是在满足别人的期望与标准。

(三)重要而不紧急事情

主要是与生活品质有关,包括平时的学习工作等。荒废这个象限将使重要而紧急的事情日益增多,使我们陷入更大的压力,在危机中疲于应付。反之,多投入一些时间在这个象限有利于提高实践能力,减少重要而紧急事情。要做好实现的规划、准备与预防措施,防患于未然,很多急事将无从产生。这个领域的事情暂时不会对我们造成压力和迫切感,所以必须主动去做,这是发挥个人领导力的象限。

(四)不重要而不紧急事情

简而言之就是浪费生命,所以根本不值得花半点时间在这上面。但有时候却需要劳逸结合。这类事务倒不见得都是休闲活动,因为真正有创造意义的休息或互动是很有价值的。然而像阅读令人上瘾的无聊小说、毫无内容的电视节目、办公室聊天、上网玩游戏等,这样的休息不但不是为了走更长的路,反而是对身心的损毁。

上述四种类型的事情有一个规律:如果不把时间投资在重要而不紧急的事情上,就一定会吃苦头,这类事情会使工作不能正常进行。

小贴士

四象限时间管理表

类　别	特　征	相关事宜
第一象限	"重要紧迫"的事件	处理危机、完成有期限压力的工作等
第二象限	"重要但不紧迫"的事件	防患于未然的改善、建立人际关系网络、发展新机会、长期工作规划、有效的休闲
第三象限	"不重要但紧迫"的事件	不速之客,某些电话、会议、信件
第四象限	"不重要且不紧迫"的事件或者是"浪费时间"的事件	阅读令人上瘾的无聊小说、收看毫无价值的电视节目等

(资料来源:赵敏,张凤.大学生生涯规划与辅导务实[M].北京:电子工业出版社,2010:45.)

第二节　职业倦怠——职业生涯规划中不得不说的问题

生涯故事

李薇的心声

一个阳光明媚的下午,我在重庆出差的间隙,抽时间与老同学李薇见了一面。她是一名中学教师。我们约好在咖啡馆见面,我坐定不久,她如约而至。

看着她,我很吃惊。疲惫的神态,蜡黄的脸色,和6年前大学刚毕业时那个充满活力的李薇完全不一样了。聊过之后才知道,每一天学生、家长、校长、计划、考试、检查让她无休无止地忙碌着。她从前最喜欢的逛街、游泳、K歌也不能使她快乐了。

她对一切失去了热情,像一把因风吹、日晒、雨淋而褪色、破旧的伞,疲惫无力地支撑着。她说,你知道吗,这就像一个人在窄窄的楼道里爬楼梯,压抑、无趣,可又无法停止。日复一日,年复一年。

经过深入交谈,李薇敞开了心扉,认真地跟我讨论起了目前教师亚健康状态:

在我们学校里,目前士气很低落,大家都比较疲倦。有很多人觉得自己得不到赏识,在工作中遇到困难时得不到帮助,付出很大的努力却没有回报。老师们经常抱怨,尽可能地少做事,不愿努力尝试新事物,不太负责任,迟到,早退,经常请假。在我们办公室里没有笑声,同事之间比较冷漠。在师生关系中,老师对待学生的态度很消极、急躁、不耐烦,总是感到失望和生气。老师们对学生期望很低,不关心纪律,而且与学生的关系也不和睦。目前大家都不太喜欢工作,有些教师经常有调到其他学校或离开教育系统的想法。

(资料来源:金忠明,林炊利.教师,走出职业倦怠的误区[M].上海:华东师范大学出版社,2011:6-7.)

问题思考:

1.李薇的痛苦你是否正在经历?

2.是否找到了痛苦的根源所在?

3.有信心消除痛苦吗?

作为教育工作者,我们经常听到老师如此感慨:"近来不知何故,我开始变得脆弱、多虑,老是担心教不好课程,担心教学质量上不去……我变得不喜欢去学校。学生们总是不停地惹是生非! 总之,考不完的试,做不完的活,操不完的心,压得我透不过气来,整日心绪不宁,我觉得很累……"很多教师脑中存在一种模糊意识,这种意识是对不确定的苦恼,对重复性工作的倦怠。他们害怕工作,感到精疲力竭,不关心学生,他们对工作表现出不满,而且逃避社会工作。随着这种不确定的苦恼感增加,工作、家庭中的问题似乎越来越势不可挡和难以克服了。工作表现逐渐变得更糟。教师感到无能为力,不胜任工作并经常请假,生活就是为了周末和假期,盼望着退休。[①] 出现了教师的职业倦怠。

一、何为教师职业倦怠

教师职业倦怠是教师因不能有效应对工作压力而生成的极端心理反应,是教师伴随长期高水平压力体验而产生的情感、态度和行为的衰竭状态。[②] 1980 年第一届国际职业倦怠研讨会召开后,职业倦怠成为一个专业名词开始流行,加上社会竞争日趋激烈,"助人者(如教师)不能通过积极的问题解决来化解痛苦以致在工作中表现为身心疲劳、情感耗竭状态"的问题越来越突出。教师职业倦怠与职业倦怠是被包含与包含的关系。教师职业倦怠只是众多职业倦怠的一种。教师是助人行业中患上这一职业疾病的高发人群典型。教师作为一种特殊助人行业,其教育、教学工作本身就是一种压力情景,教师要面对的是个体差异越来越大的学生,负责程度越来越强的教学任务。家长因"望子成龙""望女成凤"心切所产生的过度要求等压力,若不能有效舒缓,教师极易产生职业倦怠。

教师职业倦怠的典型特征是:工作满意度低、工作热情和兴趣丧失,以及情感疏离和冷漠。在身体方面的具体表现是:没有食欲,睡眠不好,反应力弱化,注意力分散,记忆力下降;在心理方面的具体表现是:缺乏热情、倦怠工作,易产生疲惫感,长期处于焦虑、沮丧状态,情绪波动较大、易焦躁等;在行为方面的具体表现是:得过且过,仅满足于完成任务,害怕竞争。

倦怠是心理不适的外显过程。教师职业倦怠总表现在他们日常的情绪和行动反应中,因此,判断自己是否有职业倦怠的征兆和苗头,可以从自己日常情绪和行动反应中自我观察。主要指标有情绪反应和行为反应。

(一)情绪反应

(1)抑郁性:感情消沉,且持续时间较长,对一切感到无聊、孤独、厌世。

(2)过敏性:多疑、嫉妒。常把领导、同事、学生、配偶甚至好朋友的无心言辞和行为当作有预谋的,并与自己紧密联系起来。

(3)易变性:情绪不稳定、刻薄、自伤、喜怒无常。

---

① 金忠明,林炊利.教师,走出职业倦怠的误区[M].上海:华东师范大学出版社,2011:10.

② 金忠明,林炊利.教师,走出职业倦怠的误区[M].上海:华东师范大学出版社,2011:57.

(4)冷漠型:不能换位考量学生,总有批评学业不良学生的冲动。

(5)封闭性:失去与同事、学生交流的热情,没有团队合作精神,内心处于相对封闭的状态。

(6)自我否定性:对生活和自己的教学工作没有信心,在好朋友聚会等其他场合中有很深的自卑感。

(二)行为反应

(1)无力性:无精打采,已陷入逆境感中,难以进行课堂教学,容易疲劳、失眠、头痛。

(2)盲目性:不假思索,草率行事,欠缺周密考虑。

(3)不安性:身心不安宁,注意力容易分散,工作效率差,做事经常有头无尾,"三分钟热度"。

(4)怠惰性:教学行为和处理相关的学生事务,往往缺乏自己的主见和坚持,随波逐流,不求有功但求无过。

(5)爆发性:经常出现过激行为,动辄耍脾气,视学生为情绪发泄对象,控制不住自己。

(6)自我表现性:在课堂上支配欲强,喜夸大吹牛,不允许学生有不同观点,强词夺理,甚至言行轻浮、浅薄,"师道"感低。

教师职业倦怠自测问卷

以下情况是否经常在你的工作中出现?请根据自己的实际情况填写问卷。(分值标准:1分—根本没有这种情况;2分—很少有这种情况;3分—有时会有这种情况;4分—很大程度上有这种情况;5分—完全符合。)

1.即便夜里睡得很好,你第二天上班的时候还是会感到困倦。(   )

2.你总会为小事感到发愁,而在过去你很少会这样。(   )

3.你总是一边工作,一边看时间,心里想着早点下班。(   )

4.你认为自己是个完美主义者。(   )

5.你不认为自己当前正在做的工作有意义。(   )

6.你会忘记分配给自己的任务、自己的约会,有时甚至会忘记自己的私人贵重物品。(   )

7.你认为自己总属于被忽略的角色,你的努力并没有受到重视。(   )

8.你经常会感到头疼、身体痛,或者是感冒。(   )

9.你工作比以前更努力,可取得的成就却比以前少。(   )

10.你通过做白日梦、看电视或者阅读与工作无关的读物等方式来逃避工作压力。(   )

11.在工作中遇到问题时,你没有可信赖的人值得倾诉。(   )

12.你更喜欢一个人待着,不愿意跟同事多交流。(　　)

13.你在自己的工作当中感觉不到挑战和新意。(　　)

14.你对自己的工作和生活毫无控制感。(　　)

15.你经常在下班之后想着工作上的事情。(　　)

16.你对自己的同事没有好感。(　　)

17.在工作方面,你感觉自己像是掉进了一个陷阱。(　　)

18.你没有时间去做自己喜欢做的事情。(　　)

19.你在自己的工作中看不到有趣的事情。(　　)

20.你经常通过请假或者是迟到等方式减少自己的工作时间。(　　)

分值:

25~35:倦怠度很低;36~50:倦怠度较低;51~70:轻度倦怠;

71~90:倦怠度高;90以上:倦怠度过高

(资料来源:金忠明,林炊利.教师,走出职业倦怠的误区[M].上海:华东师范大学出版社,2011:50.)

二、如何摆脱教师职业倦怠

(一)拥有强健体魄

健康的生理状态是愉快工作的基础,而体育锻炼则是保持健康生理状态的最佳方式。作为知识分子的一个重要群体,很多教师忽视体育锻炼,这不仅有碍教师的身体健康,对于有效克服和远离倦怠感也是不利的。教师每周除站在课堂上给学生讲课外,其余时间基本上都是坐着,要么批作业、批试卷,要么写教案、上网查资料、"充电",这对于教师身体各部分系统的有效协调是不利的。不仅如此,身体不好必然导致精神欠佳,精神欠佳就相对比较容易产生倦怠情绪。

1.坚持体育锻炼

体育运动贵在坚持不懈。很多人锻炼身体往往是一曝十寒,三天打鱼,两天晒网,这种心血来潮的所谓体育活动,无法达到调养身心的目的。教师锻炼身体贵在持之以恒,当然也不必天天练习,一个星期坚持3~5次,足球、篮球等全身性、对抗性的运动每次1个小时左右即可,而乒乓球、羽毛球等运动的时间可适当延长。

2.保持健康饮食

均衡的饮食能为身体补充丰富的能量,让身体处在较为健康的状态之下。部分教师为转移烦恼、消除倦怠感,还形成了不健康的饮食习惯。例如,一些教师遇到压力,就"化压力为食量",接着暴饮暴食来减压,通常暴饮暴食之后就意味着睡意的来临,酣然入睡就不需要面对压力和现实。还有一些女教师喜欢边吃零食边工作,尤其是现在很多学校教师的办公桌相互隔离,女教师也就更加肆无忌惮了。

饮食本身应成为人生的享受而不是痛苦。在这里给大家一些建议：

(1)控制脂肪的摄食量,避免人体脂肪含量过高。

(2)多食用水果、蔬菜以及带麸的谷物。

(3)少吃熏肉或盐腌食物。

(4)减低化学物的污染。

(5)减少烟酒摄入。

(二)构建社会支持系统

当出现倦怠感时,记得提醒自己,我并不孤单。社会支持系统包括家庭、朋友和所处的环境。一个社会支持系统良好的人,遇到困境时就有途径化解。常言道:"一个篱笆三个桩,一个好汉三个帮。"当身处逆境、压力重重时,亲朋好友亲切的问候、理解和热情的帮助是每一个人都热切渴望的。这些问候、理解和帮助就是心理学中所说的社会支持,它对于促进个体的身心健康有重要作用。

教师所具有的良好人际关系一般表现为如下三个特点。

一是别人了解他,他也了解别人。教育是一项系统工程,需要集体学习、工作,教师所面对的是学生集体和同事群体,对倦怠感能产生抗体的教师一定是能与学生建立融洽亲密的师生关系,与同事建立协同互助、真诚相待、彼此信任的同伴关系的教师,他们之间都能够互相理解、尊重对方。

二是能够被他人悦纳。教师无论在学生群体还是同事群体中,都是受欢迎的。

三是在相对广泛的交际圈中没有几个知己可以倾诉心声。教师可以在压力很大或面临逆境时,通过语言表达的方式宣泄情绪。对待压力就像治水一样,不能围堵只能疏导。

(三)寻求合理的专业期望

中国社会向来给教师职业套上美丽的光环,这在潜意识里影响了很多教师对自己的期望。很多初任教师具有很高的工作热情,带着在大学里构建的"乌托邦"式教育理想走进中小学,发誓要用自己的全部能量践行理想和抱负。这种有点脱离实际的抱负,由于其职前的"社会化"和专业准备不足,加之目前的教育实际与教育理论在某种程度上存在脱节,使之四处碰壁。

抛开社会期望,抛开初出茅庐的并不成熟的教育理念,以职业道德为导向,用冷静客观的心态寻找自己的专业期望,这个期望是符合自身实际水平的,是符合自身所处环境的。这可以通过设置合理的教师职业生涯规划目标得以实现。

(四)紧跟时代步伐不要掉队

随着社会的发展,教师面临的压力日益增多。知识爆炸挑战着教师的学科背景,网络的普及使得学生在个别问题上的知识比教师知道得更多,教师已无力扼守专业权威的地位。在新形势下,教师若不能有效投入课程改革实践,就很容易因跟不上"时代潮流"而被汹涌而来的各种变革折腾得厌倦不堪。随着新课改的深入实施,教师的年龄在增长,职称在改变,教学要求也在不断变化,但教师自身的专业发展若不能跟上教育发展步伐,将严重影响教师成长,阻碍学校发展。

许多教师的困惑来自经常变动的教学安排,而教学安排的变化往往是教育改革发展的一个侧面体现,如果教师能够钻研教育改革发展趋向,也就能够很好地把握教育改革的脉搏,对教学的安排更具前瞻性与主动性。当对教育事业有一定驾驭能力之时,成就感随之而来,倦怠感相对降低甚至消失不见。

(五)另觅他处

频繁更换工作并不是一件好事情。中小学教师在很多情况下,并没有认真分析自己对工作不满的真正原因以及需要做出怎样的改进努力,而只是盲目地选择眼前冒出来的某个机会。其实很多情况下教师并非厌倦本职工作,只是遇到暂时的挫折而产生逆反心理,尤其有些年轻教师血气方刚,眼里容不得沙子。

其实,这是教师在大学里的从教理性和社会现实之间的差距所造成的,而并非教师职业本身出了问题。因此,教师在跳槽之前要想清楚,另觅他处之后眼前的烦恼就能消除吗? 当下的矛盾就能解决吗? 其实需要改变的往往不是工作而是自己。教师完全可以通过调整生涯规划的方向与实施方法来缓和不悦的内心感受,让自己变得积极主动。

参考文献

[1] Blasi, A. Identity and the development of the self. In D. K. Lapsley & F. C. Power (Eds), Self, ego and identity: Integrative approaches[C]. New York: Springerverlag,1988.

[2] Britzman, D. P. Practice makes practice: A critical study of learning to teach. Albany[M]. NY: State University of New York Press,1991.

[3] Kleinman,S. Making professingals into "Persons": discrepancies in traditional and humanistic expectations of professional indentity[J]. Socioloty of Work and Occupation, 1981(1).

[4] E. P. 克雷伯. 外国教育史料[M]. 华中师范大学,等,译. 上海: 华中师范大学出版社,1991.

[5] 陈奎惠. 教育社会学研究[M]. 台北: 师大书苑出版社,1990.

[6] 陈永明,钟启泉. 现代教师论[M].上海: 上海教育出版社,1996.

[7] 程振响. 教师职业生涯规划与发展设计[M]. 南京: 南京师范大学出版社, 2007.

[8] 戴建兵,姬振旗.大学生职业生涯发展规划[M].北京: 科学出版社.2010.

[9] 胡建宏,刘雪梅.大学生职业生涯规划[M].北京:中国宇航出版社,2007.

[10] 黄俊毅,沈华玉,胡潇文.大学生职业生涯规划[M].北京:清华大学出版社,2010.

[11] 金连平.中小学教师职业生涯规划:概念、问题及对策[J]. 上海教育科研,2010(9).

[12] 金忠明,林炊利. 教师,走出职业倦怠的误区[M].上海:华东师范大学出版社,2011.

[13] 教育部师范教育司. 教师专业化的理论与实践[M].修订版.北京:人民教育出版社,2003.

[14] 蒋建荣,詹启生.大学生生涯规划导论[M]. 南京:南开大学出版社,2005.

[15] 李晓波,李洪波.大学生职业生涯规划与发展[M].北京:化学工业出版社,2010.

[16] 刘素梅. 教师的职业生涯与规划[M].上海:华东师范大学出版社,2010.

[17] 刘学景,丁木金.大学生职业生涯规划.[M].山东:山东人民出版社,2010.

[18] 申继亮.教师人力资源开发与管理[M].北京:北京师范大学出版社,2007.

[19] 孙文博,张弛.大学生职业生涯规划[M].北京:清华大学出版社,北京交通大学出版社,2010.

[20] 唐宜荣.大学生职业生涯规划与就业指导[M].湖南: 湖南师范大学出版社,2007.

[21] 王荣德. 教师人格论[M]. 北京:科学出版社,2001.

[22] 王卫东.教师专业发展探新——若干理论的阐释与辨析[M].山东:暨南大学出版社,2007.

[23] 曾荣光. 教师专业组织、国家权力与科层权威香港教师专业化路向分析[J]. 香港中文大学教育学报, 1990,18(Z).

[24] 曾荣光. 教学专业与教师专业化一个礼会学的阐释[J]. 香港中文大学教育学报, 1984 (1).

[25] 郑燕祥.教育的功能与效能[M].香港:广角镜出版社,1991.

[26] 赵康. 专业、专业属性及判断成熟专业的标准[J]. 社会学研究, 2000.

［27］赵敏,张凤.大学生生涯规划与辅导务实［M］,北京:电子工业出版社.2010.

［28］郑永成，崔林,等.教师职业能力发展研究［J］.山东:中国成人教育, 2008(9).

［29］周淑卿.课程发展与教师专业［M］,北京:九州出版社,2006.

后　记

　　我曾经在师范学院工作十多年,2000年之后,开始从事高等教育研究,对于中小学教师发展和高校教师发展问题有深切体会和认识。本书的合作者赵春鱼老师系师范学校毕业,现在从事高等教育研究。其同学和朋友基本都在中小学担任一线教师,其从同学和朋友的角度,对中小学老师有较多的"贴身"了解。所以,在接到重庆大学出版社邀请,为教师职业素养阅读丛书编写一本有关教师职业生涯发展的书籍时,我们就跃跃欲试。就对教师的了解而言,我们认为,当前各类教师最需要的不是职业生涯规划理论上的指导,而是如何开展职业生涯规划并且践行规划的实践引导。因而萌发了为广大教师编写一本"作业式"职业生涯规划通俗读本的念头。

　　本书的最大特点是将职业生涯规划的各个要素作为线索,在每个章节加入了大量的"作业",如一些小测试、小技巧,读者可以通过"做"这些"作业"达到对自我的深层认知,进而帮助澄清很多在职业生涯规划过程中遇到的疑惑。读者可以边阅读,边"做作业",通过每一章节后面的"作业",完成自己的职业生涯规划。

　　在本书最终完成之际,要特别感谢我的研究生:崔文琴、张麓麓、王敬、苏辉和王海瀛,他们在本书的编写过程中,从寻找原始资料到最后通稿的错别字校对,都付出了巨大努力。没有他们的辛勤劳动,本书难以达到现在的水平。

　　尽管在本书的编写过程中,我们尽各种努力保证不出错,但由于水平有限,错误在所难免。诚恳地希望各位尊敬的读者,如果在阅读过程中,发现错误或对本书的观点另有高见,请一定不吝赐教。

李海芬

2013年四月于杭州